De overgang

JOSÉ ROZENBROEK EN JOS TEUNIS

De overgang

HET NO-NONSENSE HANDBOEK

Uitgeverij Atlas Contact
Amsterdam/Antwerpen

Omslagontwerp Studio Room
Foto auteur Jelmer de Haas
Typografie binnenwerk Suzan Beijer
Drukkerij Wilco, Amersfoort

ISBN 978 90 450 2849 1
D/2016/0108/552
NUR 860

www.atlascontact.nl

INHOUD

Inleiding

Ik kan me herinneren dat we met vier vriendinnen naar een concert in Amsterdam reden en dat een van ons vroeg: 'Jongens, zitten jullie er al in?' 'Waarin?' vroegen we, niet-begrijpend. 'Nou, in die vreselijke overgang,' zei ze. 'Ik lig sinds een paar maanden zo te zweten in mijn bed. En mijn menstruatie - geen peil op te trekken.'

'Ik wil er niks over horen,' snoerde ik haar de mond. 'Ik ben er nog niet in en als het zover is, ga ik 'm gewoon negeren.' De achterbank zweeg ook. Bah, we konden ons wel een leuker gespreksonderwerp voorstellen.

De overgang. Van mijn moeder kan ik me herinneren dat ze klagerig werd, huilerig, zich nutteloos voelde, veel op de bank lag. Dat ik haar rug moest krabben, want ze kreeg er ook nog eens jeuk van. Ik was een jaar of zestien, had net als zij hormoonspiegels die alle kanten op vlogen. Dat gezeur van haar vond ik maar lastig, en vooral beklagenswaardig. Ergens in die tijd moet bij mij het idee hebben postgevat dat ik die duistere periode waar vrouwen van middelbare leeftijd zich vol zelfbeklag doorheen worstelden gewoon ging overslaan.

Inmiddels ben ik nederiger geworden. Want de overgang, die

kun je helemaal niet negeren, zo merkte ik bij de eerste signalen. Ik belde mijn huisarts en zei: 'Ik slaap slecht en ik heb geen zin in een rooie kop op mijn werk. Dit kan ik me helemaal niet permitteren. Ik wil aan de hormonen.' Waarop mijn - mannelijke - huisarts zei: 'Het spijt me, hier moet je net als alle vrouwen gewoon doorheen.' Einde van het liedje was dat hij me een homeopathisch middeltje voorschreef, dat natuurlijk niet hielp. Gelukkig had ik nog een pilstrip liggen. Binnen een week was ik weer mijn oude, vertrouwde zelf. Later verving ik op advies van een andere arts de anticonceptiepil door een ander hormoonpreparaat dat me tot op de dag van vandaag zonder een centje pijn door de overgang helpt.

Ik ben niet de enige vrouw die niks wil weten van deze onontkoombare fase in elk vrouwenleven - totdat ze zich aandient en je je er wel in móét verdiepen. Linda de Mol noemde het zelfs in een uitzending van Pauw en Witteman een no-go-area. Want, zo zei ze, de overgang was 'onsexy', 'geen spannend, tot de verbeelding sprekend onderwerp'.

Daarmee legde ze de vinger op de zere plek. Want hoewel de overgang de laatste jaren meer en meer uit de taboesfeer wordt gehaald - vrouwen durven zich meer te roeren in kranten, magazines en op sociale media en er verschijnen documentaires, theaterstukken en boeken over dit onderwerp -, is het bepaald nog steeds geen salonfähig gespreksitem. In gezelschap van mannen valt steevast een ongemakkelijke stilte wanneer een vrouw een opvlieger krijgt. Jongere vrouwen krijgen vaak een glazige blik in hun ogen wanneer het onderwerp ter tafel komt. Zelfs overgangsters onderling zul je zelden of nooit betrappen op een levendige discussie over dunner wordend haar, droge vagina's of osteoporose. Integendeel zelfs: niet zelden valt er een onderhuidse concurrentie te bespeuren over wie het meest geruisloos door deze fase fietst: 'Nee hoor, ík heb nergens last van!'

Dat het onderwerp niet sexy is en ook niet salonfähig, heeft ongetwijfeld te maken met de afweer en afkeer die de mens koestert jegens ouder worden. De overgang is niet alleen dat lichamelijke proces waarin je vruchtbaarheid uitdooft, ze duidt ook de periode aan waarin je tussen jong en oud balanceert. De fase waarin je, of je nu wilt of niet, onder ogen moet zien en in het reine moet komen met het feit dat je niet meer fris en fruitig bent en tot het legioen middelbare vrouwen bent gaan behoren. De overgang is daardoor ook een periode van rouw. Bij rouw hoort nu eenmaal ontkenning, en dat maakt dat het onderwerp nou nooit eens gezellig wordt doorgespit bij een glaasje met (mannelijke) collega's. Stel je toch eens voor: dan leg je zomaar onverbloemd op tafel dat je *oud* en *onvruchtbaar* bent. Dan ligt ook meteen op straat dat je, biologisch gezien, nutteloos bent geworden en niet meer begerenswaardig.

Kortom: de overgang vertelt een verhaal waar niemand op zit te wachten. Met als gevolg dat nog heel veel vrouwen de kop in het zand steken en slecht op de hoogte zijn van de hormonale revolutie die op zeker moment in hun lichaam zal huishouden, laat staan dat ze zich hebben voorbereid op wat hun te wachten staat.

Zelfs huisartsen koesteren vaak achterhaalde denkbeelden over de overgang en hoe je overgangsklachten kunt behandelen; hun richtlijn is hopeloos verouderd en bijscholingscursussen over de menopauze worden doorgaans maar magertjes bezocht.

Als freelancejournalist die regelmatig voor *LINDA.* werkt, kreeg ik Linda de Mol en haar redactie toch zover dat ik een verhaal over de overgang mocht schrijven voor het magazine. Voor dat artikel interviewde ik Jos Teunis. Jos heeft in Amsterdam een zelfstandige praktijk als verpleegkundig overgangsconsulente, daarnaast runt ze samen met gynaecoloog Dorenda van Dijken en seksuoloog-psycholoog Bianca van Moorst de menopauzepolikliniek in het OLVG locatie West, het voormalige Amsterdamse Sint Lucas Andreas Ziekenhuis. Elke dag komen er vrouwen op haar spreekuur die nauwelijks weet hebben van de hormonale veranderingen in hun lichaam, maar wel lijden onder het effect ervan op hun lijf en brein. Ze hebben vaak geen idee waar hun stemmingswisselingen, slapeloosheid, opvliegers, onrust en gepieker vandaan komen, laat staan dat ze weten wat eraan te doen valt.

Elke dag weer staat Jos versteld van de achteloosheid waarmee huisartsen, bedrijfsartsen, psychologen en andere hulpverleners het enorme effect van die hormonale omschakeling over het hoofd zien bij het diagnosticeren van lichamelijke en psychische klachten bij vrouwen *of a certain age*.

Veel artsen zijn helaas niet goed op de hoogte en denken dat je, zolang je nog ongesteld bent en nog geen opvliegers hebt, je nog niet in de overgang bent, en dat die uitsluitend voorbehouden is aan vijftigplussers. Vrouwen worden eerder overspannen, opgebrand of depressief verklaard dan dat artsen onderkennen dat de overgang een rol speelt.

Ook over hormoontherapie circuleren denkbeelden die allang achterhaald zijn. Jos en haar collega's kunnen het niet vaak genoeg herhalen: nee, je krijgt er géén borstkanker van. Voor de meeste vrouwen biedt een dagelijks hormoonpilletje alleen maar voordeel. Toch wordt hormoontherapie in Nederland, anders dan in de ons omringende landen, nog steeds met de grootste terughoudendheid voorgeschreven.

Het gevolg hiervan is dat vrouwen nodeloos blijven tobben met allerlei klachten, eindeloos rondshoppen in het medisch circuit en vaak ten onrechte worden verwezen naar een psycholoog, psychiater, fysiotherapeut, reumatoloog of orthopeed.

Uit onderzoek blijkt dat een derde (34 procent!) van het ziekteverzuim van vrouwen tussen de 45 en 60 jaar te wijten is aan overgangsklachten. Dit is niet alleen dramatisch voor deze vrouwen die thuis komen te zitten, het kost de maatschappij ook nog eens bakken met geld.

Aan die ontkenning en onwetendheid moest maar eens een einde komen, zo besloten Jos en ik. We vonden dat het tijd werd voor een compleet, no-nonsense handboek over de overgang. Niet zweverig of zeverig, wel nuchter en helder. Een boek dat inzicht geeft in dat hele proces van pre-overgang tot en met postmenopauze en dat alle mogelijke aspecten bespreekt. Een naslagwerk dat elke vrouw zo rond haar 45ste levensjaar en zo nodig nog eerder, zou moeten aanschaffen.

Overigens is dit boek niet alleen lezenswaardig voor vrouwen met overgangsklachten, maar voor álle vrouwen in de tweede helft van hun leven. Nu we steeds ouder worden – de gemiddelde levensverwachting van vrouwen die rond 1965 zijn geboren is 90 jaar! – brengen we 40 procent van onze tijd van leven door in de postmenopauze. Dat brengt risico's met zich mee: op hart- en vaatzieken, op osteoporose, op dementie. Je kunt daarom maar beter weten wat je te wachten staat en hoe je zo gezond en fit mogelijk ouder wordt.

Wie anticipeert en met de juiste voorzorgsmaatregelen haar gezondheidsrisico's minimaliseert, staat een levensfase te wachten vol spannende nieuwe ervaringen en niet eerder verkende kansen. En dan bedoelen we niet alleen aan de bridgetafel of als oppas-oma, maar ook in je maatschappelijke carrière. Zie jezelf niet als oud en afgeschreven - welnee, dit is de tijd om optimaal je ervaring, talenten en vaardigheden te benutten.

Kijk naar Hillary Clinton, die zich op haar 67ste verkiesbaar stelde als president van de Verenigde Staten. Volgens de Amerikaanse psychiater Julie Holland had ze dat niet beter kunnen timen. Nu haar hormoonspiegels haar geen loer meer draaien, heeft ze de ideale leeftijd om het allerhoogste ambt te ambiëren en te vervullen. In een artikel in het Amerikaanse *Time Magazine* schrijft Holland: 'Biologisch gezien zijn postmenopauzale vrouwen ideale leiders. Ze kunnen als geen ander stress hanteren, en er is natuurlijk geen stressvollere baan dan het presidentschap. Op het moment dat Hillary president zou kunnen worden is ze net zo oud als Ronald Reagan toentertijd, maar haar levensverwachting is veel hoger dan die van welke recente president ook. En ze heeft de ervaring en zelfverzekerdheid van een postmenopauzale vrouw, klaar om haar verdiende plaats in te nemen aan tafel - of in het Oval Office.'

Julie Hollands visie op de kracht van vrouwen 'van zekere leeftijd', daar wordt een mens vrolijk en optimistisch van. Maar voordat je een gooi doet naar het premierschap, is het zaak jezelf zo behendig mogelijk door die overgang te loodsen. Hoe je dat doet, vroegen we aan tal van specialisten: gynaecologen, seksuologen, psychologen, neurologen, neuropsychologen, urologen, oncologen, cardiologen, osteoporosespecialisten, voedingsdeskundigen, dermatologen. Zij deelden met ons de laatste wetenschappelijke bevindingen en inzichten. Daarnaast hebben we talloze ervaringsdeskundigen geïnterviewd over de overgang. Wat ze misschien niet eens aan hun vriendinnen wilden opbiechten, durfden ze, al dan niet anoniem, hier wel te vertellen.

Al die opgedane kennis leverde heel informatie op waarmee we antwoord kunnen geven op de volgende vragen.

Wat gebeurt er eigenlijk in je lichaam als de overgang begint (hoofdstuk 1)? Wat heeft het verlies aan vrouwelijke hormonen voor effect op je lichaam en brein (hoofdstuk 2 en 3)? Wat doet het met je huid, je haar, je gewicht (hoofdstuk 4)? Wat is de invloed op je seksualiteit (hoofdstuk 5)? Wat zijn de consequenties op de langere termijn: in hoeverre hebben je hart, vaten en botten eronder te lijden (hoofdstuk 6)? Wat zijn de laatste internationale aanbevelingen over hormoontherapie, wat zijn de nadelen, maar vooral ook de voordelen? Zijn er ook andere manieren om de schokken van deze hormonale aardbeving op te vangen (hoofdstuk 7)? Wat te doen als je vroeg in de overgang komt (hoofdstuk 8), of als dat gebeurt ten gevolge van een behandeling van kanker (hoofdstuk 9)? Komen mannen ook in de overgang (hoofdstuk 10)? Tot slot geven we je in hoofdstuk 10 praktische informatie over menopauzepoliklinieken en verpleegkundig overgangsconsulenten.

Al met al is het een handboek geworden dat misschien nog steeds niet sexy is, maar wel praktisch, herkenbaar en lezenswaardig.

HOOFDSTUK 1

Van foetus tot menopauze: hormonale veranderingen in verschillende fasen

Gemiddeld rond het zesenveertigste leeftijdsjaar gaat het lichaam van een vrouw zoetjesaan minder van het hormoon oestrogeen produceren. Daarmee wordt de overgang ingezet. De overgang wordt de periode genoemd waarin je lijf een nieuw hormonaal evenwicht moet vinden. Gemiddeld duurt die fase vijf tot tien jaar, waarin de oestrogeenspiegel met ruim 80 procent daalt.

Oestrogenen zijn sowieso bepalend voor alle fysieke levensfasen van een vrouw: niet alleen tijdens de overgang, maar ook in de aanloop naar de puberteit, de vruchtbare jaren en de postmenopauze.

DE ROL VAN HORMONEN

Hormonen zijn stoffen die door het lichaam worden aangemaakt, en via het bloed op weefsels en organen inwerken. Ze kunnen processen in gang zetten of juist afremmen. Het woord hormoon komt van het Griekse *horman*, dat 'in werking stellen' betekent. Wanneer we ouder worden, neemt de productie van een aantal belangrijke hormonen af. De belangrijkste zijn het groeihormoon en het geslachtshormoon: voor mannen testosteron en voor vrouwen oestrogeen en progesteron.

OESTROGENEN

Oestrogenen (ook wel gespeld als estrogenen) zijn een groep geslachtshormonen die een belangrijke rol spelen bij de ontwikkeling van de vrouwelijke geslachtskenmerken, het reguleren van de menstruele cyclus en de zwangerschap. Ook in het mannelijk lichaam komen oestrogenen voor, zij het in veel lagere concentraties.

Oestrogenen worden bij vrouwen onder andere afgescheiden door de eierstokken. Ook vetcellen kunnen oestrogeen produceren. Daarom hebben dikkere vrouwen (en mannen!) doorgaans een hogere oestrogeenspiegel.

Er zijn verschillende typen oestrogenen. *Oestradiol* (of 17β-estradiol) is het meest voorkomende oestrogeen tijdens je vruchtbare jaren. Het is bepalend voor je voortplantingssysteem, maar het is ook de grootste collageenbouwer: collageen is een eiwit dat ervoor zorgt dat de huid, slijmvliezen, vaten, banden, pezen, spieren, botten en kraakbeen soepel, dik en elastisch blijven.

Oestriol (of estriol) is een oestrogeen dat vrijwel alleen tijdens de zwangerschap een rol speelt en dan wordt aangemaakt door de placenta.

Oestron (of estron) is een zwakkere vorm van oestradiol en komt vooral voor na de menopauze. Het wordt in vetweefsel omgezet vanuit testosteron.

PROGESTERON

Progesteron is een geslachtshormoon dat bij vruchtbare vrouwen na de eisprong door het lege eiblaasje wordt geproduceerd en tijdens de zwangerschap in grote hoeveelheden door de placenta. Ook in de bijnieren worden kleine hoeveelheden progesteron aangemaakt. Het zorgt er onder andere voor dat het baarmoederslijmvlies wordt voorbereid op de innesteling van een bevrucht eitje. Daarnaast brengt het hormoon het lichaam in rusttoestand zodat cellen zich kunnen herstellen, het maakt je een beetje slaperig en het werkt als een natuurlijk antidepressivum.

TESTOSTERON

Testosteron staat bekend als het mannelijk hormoon, maar ook vrouwen produceren kleine hoeveelheden testosteron in de bijnieren en de eierstokken. Testosteron zorgt voor je seksuele drive, voor spierontwikkeling en lichaamsbeharing (te veel testosteron zorgt voor overbeharing) en maakt dat je je energiek en assertief voelt.

GROEIHORMOON (IGF)

Jonge kinderen hebben tot de puberteit lage niveaus oestrogeen en testosteron, maar ze produceren grote hoeveelheden *groeihormoon* (IGF, insulinegelijkende groeifactor) onder invloed waarvan ze uitgroeien van baby tot volwassene. Ook volwassenen maken groeihormoon aan, zij het in veel lagere doses. Bij hen is dit hormoon belangrijk voor de vernieuwing van huidcellen en haren, het herstel van beschadigde weefsels en de werking van de hersenen. Het bevordert, kortom, de flexibiliteit van lichaam en geest. Helaas wordt de hoeveelheid van dit belangrijke hormoon bij volwassenen elke tien jaar gehalveerd.

HET BEGIN: DE AANLEG VAN DE EICELLEN

Al in de eerste maanden na de bevruchting wordt er een enorme hoeveelheid eicellen aangelegd bij de vrouwelijke foetus. Na vier maanden bereikt het aantal eicellen een piek: zo rond de 7 miljoen. Na die eerste vier maanden komt het afsterfproces al op gang en neemt het aantal eicellen ook weer in razend tempo af. Bij de geboorte heeft een meisje nog ongeveer 1 miljoen eicellen over: de voorraad waarmee ze het de rest van haar leven zal moeten doen, want er worden na haar geboorte geen nieuwe eicellen meer bijgemaakt. Ook tijdens haar leven gaat het afsterven van de eicellen onverminderd door. Op de gemiddelde leeftijd van 51 is het aantal eitjes echt 'op'. Daarmee is de menopauze - zo noemen we de finale menstruatie - een feit. Vanaf dat moment ben je definitief onvruchtbaar.

Bij mannen is er sprake van een andere beweging. Een jongen begint pas zaadcellen aan te maken als hij in de puberteit komt. Na de eerste zaadlozing worden er continu zaadcellen geproduceerd in de zaadballen, ook wel testikels of testes genoemd. Doordat er steeds weer nieuwe zaadcellen worden aangemaakt, kan een man tot op hoge leeftijd vruchtbaar blijven en een vrouw zwanger maken, ook al neemt de kwaliteit van de zaadcellen gedurende zijn leven meer en meer af en wordt het zelfs voor de meest viriele man steeds moeilijker om een vrouw te bevruchten. Maar het kán: Pablo Picasso werd op zijn 67ste voor de vierde keer vader, acteur Robert Redford was 68 toen zijn zesde kind werd geboren, en de komiek Charley Chaplin verwekte op zijn 73ste zijn elfde spruit. Onze eigen Rob de Nijs was 69 toen zijn zoontje Julius werd geboren.

DE PUBERTEIT: DE EICELLEN WORDEN WAKKER

De puberteit wordt langzaam opgestart wanneer er in de hersenen een seintje wordt gegeven door de *hypothalamus*, onderdeel van het limbische systeem, dat weer deel uitmaakt van de grote hersenen. Het limbische systeem speelt een cruciale rol waar het de emoties, de voortplanting, het autonome zenuwstelsel en de hormoonhuishouding betreft. De hypothalamus reguleert onder meer je bloeddruk en hartslag, je honger- en dorstgevoel, je slaap- en waakritme, je seksuele opwinding en lichaamstemperatuur. Het is ook de hypothalamus die ervoor zorgt dat we vluchten of vechten, seksueel in actie komen en op zoek gaan naar voedsel. Kortom, dit deel van de hersenen is onmisbaar voor het meest basale gedrag en primaire driften van de mens: overleven en zich voortplanten. Geen wonder dus dat de hypothalamus de aanjager is van de puberteit, de fase waarin meisjes en jongens geslachtsrijp worden.

In de eerste tien, elf jaar van haar leven liggen de gemiddeld 1 miljoen eicellen waarmee een meisje wordt geboren kalmpjes te wachten in de eierstokken. Ook in deze jaren gaan er heel wat verloren: tegen de tijd dat de puberteit start zijn er nog zo'n 300 000 tot 400 000 duizend eicellen over.

De kickstart van de rijping van de eerste eicellen wordt gegeven wanneer de hypothalamus een seintje geeft aan de *hypofyse*. Dat is een klier ter grootte van een erwt, gesitueerd in het midden van ons hoofd, onder aan de hersenen. De hypofyse speelt een belangrijke rol bij de regulering van een groot aantal hormonen. Als een meisje gemiddeld tussen de negen en elf jaar is, krijgt dit zo belangrijke erwtje de opdracht het *follikel stimulerend hormoon*, ofwel FSH, aan te gaan maken. Via de bloedbaan gaat FSH naar de eicelvoorraad in de eierstokken. Het stimuleert de groei en rijping van een aantal eiblaasjes, ook wel follikels genoemd. Die rijpende follikels gaan oestrogeen produceren.

Onder invloed van dat oestrogeen verandert in een paar jaar tijd een meisje van een kind in een vrouw: de eerste haartjes verschijnen op haar schaamheuvel en benen en in haar oksels. De borstschijven worden aangelegd, waar nog wat later haar borsten uit zullen groeien. Onder invloed van oestrogeen worden de kleine en grote schaamlippen groter. Het slijmvlies van de vagina verhoornt enigszins en verandert van kleur: van rood in lichtroze. Ook de lengte van de vagina neemt toe. De groeispurt wordt ingezet, de lichaamsgeur wordt penetranter en de heupen en billen worden ronder. Zo wordt het meisje klaargestoomd voor biologisch gezien haar belangrijkste taak: kinderen baren en grootbrengen.

Een of twee jaar na dat allereerste seintje in de hersenen zal een eicel voor het eerst geheel uitrijpen: het wordt groter en groter, tot het eiblaasje ofwel de follikel 'knapt'. Dit heet de eisprong of ovulatie. Het eitje komt vrij en begint een reis door de eierstokken naar de baarmoeder, in de hoop ergens onderweg bevrucht te worden.

DE VRUCHTBARE PERIODE: ELKE MAAND EEN CYCLUS

Het lege eiblaasje dat achterblijft in de eierstok – ook wel *corpus luteum* genoemd – gaat een ander hormoon produceren, progesteron genaamd. Onder invloed van oestrogeen en progesteron wordt het baarmoederslijmvlies voorbereid op de eventuele innesteling van de bevruchte eicel; het wordt dikker en meer doorbloed. Blijft een zwangerschap uit, dan daalt geleidelijk de aanmaak van progesteron en oestrogeen en zal uiteindelijk het baarmoederslijmvlies worden afgestoten: je wordt ongesteld. Het lichaam maakt zich zo klaar voor een nieuwe kans om zwanger te raken. Een nieuwe cyclus, die gemiddeld zo'n 28 dagen duurt, gaat vervolgens van start: FSH zorgt ervoor dat een nieuwe groep eicellen gaat rijpen, de oestrogeenproductie neemt toe, er komt een eisprong, het achtergebleven eiblaasje maakt progesteron aan dat op zijn beurt samen met het oestrogeen ervoor zorgt dat de baarmoeder zich klaarmaakt voor de innesteling van een bevruchte eicel... enzovoort, enzovoort.

Dit maandelijkse proces gaat zo'n vijfendertig jaar door bij vrouwen met een niets-aan-de-handcyclus. Een ijzeren ritme dat eventueel alleen wordt onderbroken door een of meer zwangerschappen.

Tijdens je vruchtbare jaren schommelen je hormoonspiegels gedurende een menstruatiecyclus, maar desondanks blijven ze binnen bepaalde marges behoorlijk stabiel. Je eicellen zijn in topconditie en geven de juiste signalen af op het juiste moment. Het brein hoeft geen overuren te draaien om ze aan te jagen. Zou in deze periode je FSH-waarde in je bloed worden gemeten, dan zou die onder de 10 U/L (unit - eenheid - per liter) liggen.

DE OVERGANG: DE EICELLEN RAKEN OP

Gaandeweg zul je merken dat er hiaten vallen in dat vaste ritme en dat je menstruatiepatroon verandert. Dat de periode tussen twee menstruaties langer duurt, of juist korter. Dat je heviger of juist minder heftige bloedingen krijgt, of dat de periode dat je ongesteld bent langer duurt. Allemaal signalen die erop wijzen dat de overgang is begonnen. De start van de overgang ligt weliswaar gemiddeld rond je 46ste levensjaar, maar alle begin tussen je 40ste en 60ste jaar wordt als normaal beschouwd. Je kunt dus in de overgang komen op je 41ste, maar ook op je 58ste. Er zijn ook vrouwen die nog geen veertig zijn wanneer ze in de overgang komen. In de beginjaren van deze fase, ook wel premenopauze genoemd, heb je nog genoeg eicellen om - weliswaar steeds onregelmatiger - tot een eisprong te komen, maar de kwaliteit van de eicellen neemt gaandeweg meer en meer af, waardoor de oestrogeenproductie begint te dalen. In reactie daarop zal het brein ervoor willen zorgen dat er meer FSH wordt aangemaakt - het FSH zorgt er immers voor dat de eicellen worden gestimuleerd en dat er zo oestrogeen wordt geproduceerd. De FSH-waarde stijgt in deze premenopauzefase naar 15 U/L tot 20 U/L.

DE MENOPAUZE: DE ALLERLAATSTE MENSTRUATIE

Ondanks de verwoede pogingen van het FSH om de productie op te jagen, zal de oestrogeenspiegel gedurende de vijf tot tien jaar die de overgang duurt gestaag afnemen, totdat er nog maar 20 procent van de oorspronkelijke hoeveelheid wordt geproduceerd. De laatste eicellen worden opgemaakt en dan komt het moment dat je onherroepelijk voor de allerlaatste keer in je leven ongesteld wordt. Deze laatste menstruatie wordt de menopauze genoemd. Die markeert een belangrijk moment - zowel in psychologisch als in lichamelijk opzicht. Je kunt nooit meer zwanger worden, nooit meer een kind baren.

Of je je menopauze hebt gehad, is pas achteraf te zeggen. Sommige vrouwen menstrueren al maanden niet meer en krijgen dan opeens toch weer een bloeding. Heb je een jaar niet meer gemenstrueerd? Dan is de menopauze officieel een feit. Overigens betekent die laatste menstruatie niet automatisch dat het nu ook klaar is met de overgangskwaaltjes. Veel vrouwen moeten dan nog een nieuw hormonaal evenwicht vinden, met alle klachten van dien.

DE POSTMENOPAUZE: HET VINDEN VAN EEN NIEUWE HORMONALE BALANS

De periode na je laatste menstruatie heet de postmenopauze. Al word je niet meer ongesteld, toch kan het nog een tijd duren - helaas bij sommige vrouwen járen, bij een enkeling zelfs de rest van haar leven - voordat alle overgangsklachten zijn overgewaaid. Het lichaam moet een nieuw hormonaal evenwicht bereiken en dat kost tijd. De eierstokken produceren nog maar mondjesmaat oestrogeen, het hormoon dat niet alleen van essentieel belang is voor je vruchtbaarheid, maar ook voor de kwaliteit van huid, haar, botten, hart en vaten. Weliswaar maakt ook het vetweefsel oestrogeen aan, maar dat doet het bij lange na niet zo productief als je eierstokken. De hoeveelheid oestrogeen daalt dus structureel. De FSH-waarden stijgen daarentegen naar ongekende hoogten, omdat het brein die lagere oestrogeenwaarden niet accepteert. De hypothalamus zal de hypofyse fanatiek de opdracht blijven geven meer FSH aan te maken, in de - vergeefse - hoop dat dit de oestrogeenproductie zal aanjagen. Zat je FSH-waarde in je vruchtbare jaren nog onder de 10 U/L, nu kunnen ze stijgen naar een waarde van 80 U/L tot 150 U/L. En helaas: ze blijven hoog de rest van je leven.

De verhoogde FSH-waarde en de afgenomen oestrogeenspiegel zorgen tijdens de overgang bij het gros van de vrouwen voor een aantal klachten.

De lichamelijke ongemakken behandelen we in het volgende hoofdstuk. De psychische en mentale veranderingen komen in hoofdstuk 3 aan de orde.

FSH-WAARDEN

Meisje 0-6 maanden	< 1-24 U/L
Meisje 7 maanden tot start puberteit	3-10 U/L
Volwassen vrouw voor en na eisprong	1-8 U/L
Volwassen vrouw rondom eisprong	3-15 U/L
Volwassen vrouw tijdens de overgangsjaren en na de laatste menstruatie	> 15-150 U/L

HOOFDSTUK 2

Lichamelijke klachten

ENKELE CIJFERS

* De gemiddelde leeftijd waarop de menopauze - de laatste menstruatie - plaatsvindt is 51 jaar; maar alles tussen de 40 en 60 jaar wordt als normaal beschouwd. De leeftijd waarop je voor het laatst ongesteld bent, is niet van tevoren vast te stellen, maar wel redelijk te voorspellen aan de hand van de leeftijd waarop je moeder en oudere zussen hun laatste menstruatie hadden.
* 1 procent van de vrouwen komt al voor haar 40ste in de overgang; 1 procent heeft nog een cyclus op haar 59ste.
* 80 procent van alle vrouwen heeft op een gegeven moment last van overgangsklachten - 20 procent van hen heeft zulke ernstige klachten dat hun leven ontwricht raakt. Ze functioneren niet goed, slapen slecht en kunnen hun werk niet (goed) meer doen.
* 34 procent van het ziekteverzuim bij vrouwen tussen de 45 en 60 jaar is toe te schrijven aan overgangsklachten.
* Gemiddeld genomen hebben vrouwen vier jaar last van ongemakken, 25 procent korter dan één jaar.
* 15 procent van de vrouwen heeft na tien jaar nog steeds over-

gangsverschijnselen en 9 procent van de vrouwen van 71 heeft last van opvliegers.
* 20 procent ervaart helemaal geen overgangsklachten.

TYPISCH OF ATYPISCH?

In de medische wereld worden overgangsklachten in twee groepen verdeeld: de typische overgangsklachten en de atypische. Nu kan het jou waarschijnlijk niet zoveel schelen tot welke categorie die van jou worden gerekend - als ze maar serieus genomen worden, door de dokter herkend en erkend, en, als het even kan, behandeld. Toch is het in de spreekkamer van de arts een belangrijk onderscheid.

Typische overgangskwalen zijn die klachten die rechtstreeks het gevolg zijn van de verminderde hormoonaanmaak door de eierstokken.

Typische klachten zijn:

- veranderingen in de menstruatie: onregelmatige menstruatiecyclus, verandering van de aard van de bloedingen: van soms heftig bloedverlies tot heel weinig
- opvliegers, nachtzweten
- vaginale veranderingen, zoals atrofie (droogheid) en meer kans op vaginale infecties
- urineverlies en blaasontstekingen.

Atypische klachten kunnen door de overgang uitgelokt of verergerd worden, maar kunnen ook een andere oorzaak hebben, bijvoorbeeld een ziekte, of het simpele feit dat je nu eenmaal ouder wordt en je lichaam begint te haperen. Pas als alle andere oorzaken zijn uitgesloten - en dat kan best lang duren -, kan door je arts worden vastgesteld of de klacht door de overgang wordt getriggerd.

Wanneer je hormoontherapie gaat gebruiken en het blijkt dat de atypische klachten hierdoor verdwijnen, dan kan ook de conclusie getrokken worden dat die veroorzaakt werden door de overgang.

Atypische klachten gaan vrijwel altijd hand in hand met typische klachten. Tot de atypische lichamelijke klachten kunnen worden gerekend:

- droge ogen, mond en neus
- hoofdpijn en migraine
- hartkloppingen
- hoge bloeddruk
- slaapproblemen: slechter inslapen, vaak wakker worden, algeheel gevoel van slecht slapen
- spier- en gewrichtsklachten
- pijnlijke borsten.

Ook op psychisch en mentaal gebied kun je klachten krijgen. Die worden allemaal atypisch genoemd. Veelvoorkomende psychische overgangsklachten zijn: stemmingswisselingen (van het ene op het andere moment slaat je humeur om), depressieve gevoelens, boosheid, een kort lontje, overgevoeligheid voor prikkels (lawaai, drukte, licht), angst- en paniekstoornissen. Op mentaal gebied komen geheugen- en concentratiestoornissen, vergeetachtigheid en verminderde denksnelheid voor.

Hieronder gaan we dieper in op de diverse lichamelijke klachten – typisch én atypisch. In hoofdstuk 3 worden de psychische en mentale overgangsklachten besproken.

BEN JE IN DE OVERGANG OF IS ER IETS ANDERS AAN DE HAND?

Kom je bij de dokter met typische overgangsklachten zoals opvliegers en een droge vagina, dan weet je waarschijnlijk wel wat de oorzaak is. Maar klop je aan met verschijnselen als droge ogen of spier- en gewrichtspijnen, dan ligt het niet altijd voor de hand om meteen aan de overgang te denken, zeker niet als je nog lang geen vijftig bent. Ook je arts zal niet zelden eerst naar andere oorzaken zoeken. Het kan daardoor soms lang duren voordat duidelijk wordt of je ongemakken het gevolg zijn van een verminderde hormonale werking van de eierstokken. Omdat je hormonen nogal wat pieken en dalen vertonen in de eerste jaren van de overgang, brengt ook een bloedonderzoek naar FSH- en oestrogeenspiegels een startende overgang niet altijd aan het licht.

En het kán natuurlijk ook iets anders zijn. Slecht slapen, een kort lontje, stress, transpireren, gewichtsveranderingen, hartkloppingen en stemmingswisselingen kunnen ook ontstaan door overbelasting of burn-out, depressie of schildklierproblemen. Ga goed bij jezelf na wanneer je klachten zijn begonnen en onder welke omstandigheden. Heb je ze wel eens eerder in je leven gehad? Schrijf het allemaal op zodat je met een helder verhaal naar de huisarts, bedrijfsarts, psycholoog of psychiater stapt.

TYPISCHE OVERGANGSKLACHTEN

VERANDERINGEN IN DE MENSTRUATIE

HEFTIGER ONGESTELD

Door het toegenomen FSH komt het voor dat er eicellen extra worden gestimuleerd. Met als gevolg dat je soms te veel oestrogeen aanmaakt.

Meer oestrogeen betekent dat er meer baarmoederslijmvlies wordt opgebouwd. Je menstruatie kan daardoor behoorlijk heftig zijn. Er moeten immers meer weefselresten en stolsels worden afgevoerd. Tijdens zo'n hevige menstruatie hebben veel vrouwen het gevoel dat ze zo ongeveer 'leeglopen'.

Carina (51)
Ik stapte uit de auto in de parkeergarage van mijn werk. Onderwijl was ik aan het bellen met een vriendin. Ik pakte mijn tas, ging rechtop staan, sloot de auto af. Opeens leek het of er een emmer in me werd omgekeerd; het bloed gutste mijn onderbroek en panty in. Terwijl ik in geen maanden ongesteld was geweest. Ik gilde in de telefoon: 'Ik hang op, ik loop leeg!' Het leek wel of ik een miskraam had gekregen of dat mijn vliezen waren gebroken. Mijn jurk en jas waren godzijdank niet vies geworden. Naar huis kon ik niet, want binnen een kwartier werd ik bij een belangrijke vergadering verwacht. Ik ben wijdbeens naar de dichtstbijzijnde wc gestrompeld. Daar heb ik mijn broekje en panty uitgespoeld, mijn billen en benen gewassen en vervolgens die vochtige panty weer aangetrokken met een prop wc-papier in het kruis. Van een collega kreeg ik een paar tampons. Gelukkig stond de verwarming aan zodat ik snel opdroogde.

Juul (56)
In de overgang ging ik vreselijk bloeden. Dat is niet leuk want al dat bloed veroorzaakte op onbewaakte ogenblikken vlekken in je bed en je ochtendjas, op de bank en je bureaustoel. Geen maandverband dat bestand is tegen zulke vloedgolven. Al snel moest ik mijn toevlucht zoeken tot de afdeling kraamverband en incontinentiemateriaal van de Etos. Niet erg sexy, maar allemachtig effectief. Een keer bloedde ik dagenlang zo erg dat ik steeds meer verzwakte. Mijn huisarts vond dat ik me niet zo moest aanstellen. 'Het lijkt altijd meer dan het is,' sprak ze in al haar wijsheid. Ik sleepte mezelf terug naar huis, beschaamd dat ik zo had overdreven. Twee dagen later trof een vriendin me languit op de bank, ik kon nauwelijks nog lopen. Ze bracht me naar het AMC en daar kon ik meteen blijven voor een bloedtransfusie. 'Als u iets later was gekomen, had het wel eens te laat kunnen zijn,' sprak de montere gynaecologe. Waarna ze haar torenhoge Pradapumps verwisselde voor witte Birkenstocks om me te opereren – ze vond het hoog tijd dat mijn baarmoeder eens flink werd schoongemaakt. Ook schreef ze me hormoonpreparaten voor. 'Elke dag een pilletje en niet zeuren over verhoogde risico's op borstkanker en zo,' zei ze vrolijk. 'Dat wordt schromelijk overdreven. Typisch Nederlands, bij ons mogen vrouwen niet zeuren. Ze moeten dragen, niet klagen. In andere Europese landen slikt bijna iedere vrouw ze.'

Na de operatie heb ik nooit meer een spatje bloed verloren, en dankzij de medicijnen heb ik ook zelden of nooit meer een opvlieger.

VAKER OF JUIST MINDER VAAK ONGESTELD

Door de extra stimulering van het FSH-hormoon, met als gevolg een hogere oestrogeenproductie, kan het voorkomen dat een eicel eerder tot rijping komt. In dat geval krijg je ook eerder een eisprong en word je dus eerder ongesteld, soms al binnen drie weken. En omdat je nog maar net bent bekomen van je vorige - soms extra heftige - menstruatie als de volgende zich alweer aandient, kan je het gevoel bekruipen dat je eeuwig ongesteld bent.

Als je zo vaak ongesteld bent, lijkt het misschien alsof de overgang nog lang op zich laat wachten. Het tegendeel is echter het geval: een onregelmatiger cyclus en heviger menstruaties duiden er juist op dat de overgang is begonnen. Het omgekeerde kan ook gebeuren, namelijk dat er steeds minder vaak een eitje tot rijping komt. Je menstruatie wordt onregelmatig, en soms sla je zelfs maanden over.

GEEN EISPRONG, TOCH EEN BLOEDING

In deze premenopauzale fase zal het ook steeds vaker voorkomen dat door de oestrogeenproductie wel baarmoederweefsel wordt opgebouwd in de eerste weken van je cyclus, maar dat het niet tot een eisprong komt. In dat geval zal het opgebouwde baarmoederweefsel toch op een goede dag afgestoten moeten worden. Je lijkt gewoon ongesteld te zijn geworden, maar niet zelden duurt zo'n eisprongloze menstruatie veel langer dan normaal, soms wel twee tot drie weken, en lijkt het of er geen einde aan komt.

De oorzaak? Als er geen eisprong plaatsvindt, wordt er nauwelijks of geen progesteron aangemaakt (dat wordt immers geproduceerd door het corpus luteum, het lege eiblaasje dat overblijft na de eisprong). Daardoor raakt de hormoonbalans verstoord, en daarmee je cyclus.

WAT VALT ERAAN TE DOEN?

Over veranderingen in je menstruatiepatroon hoef je je meestal geen zorgen te maken. Ze horen gewoon bij de overgang en doorgaans valt er goed mee te leven. In de meeste gevallen hoeft er dan ook niks aan gedaan te worden.

Maar er zijn vrouwen die erg lijden onder hun hevige menstruaties. Ze zijn constant in de weer met maandverband en tampons, hebben nauwelijks of geen seksleven meer, en kunnen bloedarmoede krijgen. Het is doorgaans ook geen onderwerp waar vrijuit over wordt gesproken, dus vaak speelt hun getob zich af verborgen voor de buitenwereld. Heb je het gevoel dat je werk en sociale leven hierdoor worden ondermijnd, aarzel dan niet en stap naar je huisarts. Mocht die je klachten niet serieus nemen en bagatelliseren, ga dan naar een overgangsconsulent of gynaecoloog.

Sowieso is het raadzaam om bij zo'n wekenlang durende menstruatie naar de dokter te gaan. Er zijn verschillende opties om je menstruatie weer in het gareel te krijgen. Is er inderdaad sprake van een tekort aan progesteron, dan helpt een progesteronkuurtje van zeven tot tien dagen je van alle ellende af. Nadeel is wel dat je er tijdelijk wat labiel door kunt worden.

Met de anticonceptiepil kun je ook je hormoonhuishouding resetten. Slik je liever niet de pil of mag je die om een of andere reden niet gebruiken, dan zou het plaatsen van de Mirena-spiraal een oplossing kunnen zijn. Dit spiraaltje geeft continu een heel klein beetje progesteron af. Dat zorgt ervoor dat het baarmoederslijmvlies tot rust komt en dun blijft. Daardoor zullen je (hevige) bloedingen stoppen.

Gaan de bloedingen niet over, dan zal je arts onderzoeken of er niet iets anders aan de hand is, bijvoorbeeld een vleesboom (een goedaardige knobbel in de spierlaag van je baarmoeder) of poliep (een bijna altijd goedaardige uitstulping van het baarmoederslijmvlies).

Ook als je langere tijd last hebt van 'spotten' - zo wordt het genoemd als je doorlopend een klein beetje bloed verliest - is het raadzaam om een afspraak te maken met je huisarts. Vaak wordt er een echo van de baarmoeder gemaakt om andere oorzaken uit te sluiten. Ook contactbloedingen, dus bloedverlies na het vrijen, zijn aanleiding voor verder onderzoek.

Krijg je naast veranderingen in je menstruatiepatroon andere klachten, zoals opvliegers, gedragsveranderingen en/of stemmingswisselingen, dan kun je denken aan een hormoonpreparaat tegen overgangsklachten. Bespreek dit met je huisarts, gynaecoloog of overgangsconsulente.

OPVLIEGERS EN NACHTZWETEN

OPVLIEGERS

Opvliegers en nachtzweten zijn de meest beruchte overgangsverschijnselen, in medische kringen ook wel 'vasomotore klachten' genoemd. Maar wat is nou eigenlijk een opvlieger en hoe komt-ie tot stand? Welnu: door de verhoogde FSH-waarde raakt het temperatuurregulatiecentrum in de hypothalamus verstoord. Dat kan gepaard gaan met enorme hitteaanvallen die wel drie tot vijf minuten kunnen duren. Bij een opvlieger verwijden de vaten zich, de bloedtoevoer naar de huid neemt toe, je krijgt het vreselijk heet, het zweet loopt met straaltjes over je voorhoofd en tussen je borsten, en je wilt nog maar één ding: al je kleren uit. Je hart gaat sneller pompen, met als doel de warmte zo snel mogelijk af te voeren. Door die vaatverwijding kan de bloeddruk plotseling even dalen en dit kan weer leiden tot duizeligheid en soms misselijkheid. Zeker vrouwen met een lage bloeddruk kunnen hiervan last hebben.

Na zo'n 'vapeur', wanneer je huidtemperatuur weer daalt, kun je het even zo koud krijgen dat je moet rillen. Sommige vrouwen denken dat ze koortsaanvallen hebben, maar tijdens een opvlieger blijft de lichaamstemperatuur normaal; alleen je huid voelt verhit aan.

Rond de 70 procent van de vrouwen krijgt last van opvliegers. Meestal nemen ze toe in de loop van de overgang; de meeste dienen zich aan in de zes tot twaalf maanden na de menopauze - soms eentje op een dag, soms een paar keer per uur. Bij sommige vrouwen duurt dit ongemak tot diep in de postmenopauze. De helft van alle vrouwen heeft er nog last van na haar zestigste. Bij sommige vrouwen verdwijnen ze helaas nooit helemaal.

Ook mannen kunnen last hebben van opvliegers. Bij hen worden die veroorzaakt door een tekort aan testosteron.

Over opvliegers worden vaak grappen gemaakt. Niks van aantrekken, niet reageren is het advies. Hoe laconieker je je opstelt - stress kan opvliegers uitlokken -, hoe kleiner de kans op een vapeur en hoe beter ermee te leven valt.

Bij de drogist en apotheek zijn talloze homeopathische en plantaardige middelen verkrijgbaar die claimen dat ze opvliegers en andere overgangsklachten bestrijden. Hoewel in wetenschappelijk onderzoek het effect ervan niet onomstotelijk kan worden aangetoond, zijn er vrouwen die er baat bij hebben. Een kwestie van je goed laten adviseren en uitproberen.

Eén op de drie vrouwen in de overgang heeft zo'n last van opvliegers dat de kwaliteit van haar leven eronder lijdt. Soms kun je daardoor niet meer goed functioneren op je werk. Hormoontherapie kan dan een uitkomst zijn.

Juul (56)

Ik heb jarenlang gruwelijke opvliegers gehad. En altijd op het verkeerde moment. Als ik met een opdrachtgever over mijn honorarium onderhandelde, bijvoorbeeld. Flirtte op een feestje. Tijdens een vrijpartij. In de bus, de tram, de trein, de auto. We kunnen rustig stellen dat ik in een Kafka-scenario was beland, waarbij ik was getransformeerd in een gigantische opvlieger. Halve nachten bracht ik puffend van de hitte door op het balkon – poedeltjenaakt in de vrieskou. Tijdens vergaderingen rukte ik ramen open en ging ik ongegeneerd naar buiten hangen – 'O, wat heb ik het warm, o, wat is dit lekker, neem me niet kwalijk, maar kunt u nog eens herhalen wat u zojuist zei over bezuinigingen en budgetten?

Carla (52)
Ik ben advocaat. Ik hou van mijn werk, ik ben dol op de spanning van een rechtszaak, op een goed pleidooi houden. De adrenaline die daarbij hoort vond ik altijd lekker. Tot ik twee jaar geleden mijn eerste opvliegers kreeg. Zodra ik in de rechtszaal het woord nam, kreeg ik een droge mond en klamme handen. Mijn gezicht werd knalrood en het zweet drupte van mijn voorhoofd. Geen gezicht natuurlijk voor een raadsvrouw die zelfverzekerd over dient te komen. Nadat dat me een paar keer was overkomen, kreeg ik 's morgens al opvliegers bij het idee dat ik straks moest pleiten. Ik had het gevoel dat de rechter en de omstanders me niet meer serieus namen. Of erger nog: dat ze zouden denken dat ik een potje stond te liegen. Een tijdlang heb ik alleen op kantoor gewerkt en niet meer in de rechtszaal. Maar ik vond het vreselijk dat ik mijn vak niet meer volwaardig durfde uit te oefenen. Het maakte me heel onzeker, terwijl ik zo helemaal niet in elkaar steek. Via via kwam ik bij een overgangsconsulente terecht, die me aan de hormonen zette. Na nog geen week waren mijn opvliegers voorbij. Ik kan godzijdank weer normaal mijn werk doen.

Anneke (57)
In het verpleeghuis waar ik werk moet ik dagelijks mijn patiënten helpen met douchen. Ik sta soms langdurig in een warme vochtige badruimte. Dat is voor niemand een pretje, maar sinds ik in de overgang ben stik ik soms bijna letterlijk van de hitte. Ik krijg er opvliegers van, en ook hartkloppingen. Vaak heb ik daarna de hele dag hoofdpijn. Van mijn baas moet ik niet zeuren; deze taak hoort gewoon bij het werk, zegt ze. Zij weigert me ervan vrij te stellen. Uiteindelijk heb ik me ziek moeten melden.

NACHTZWETEN

Nachtzweten is de nachtelijke variant van de opvlieger. In je slaap stijgt je hartslag en verwijden de vaten zich door de ontregelde hypothalamus. De bloedtoevoer neemt toe en je raakt verhit. Je lichaam wil afkoelen en doet dat door te gaan transpireren. Ook dit kan extreme vormen aannemen, waarbij je badend in het zweet in een klammig nachthemdje tussen de doordrenkte lakens wakker wordt. Niet zelden moet je in het holst van de nacht je bed en jezelf verschonen. Vaak krijg je het vlak na zo'n nachtelijke opvlieger koud door het afkoelende zweet en raak je verkild tot op het bot. (Om nog geen kwartier later weer een opvlieger te krijgen.). Je kunt het ook extreem koud krijgen zonder dat er een opvlieger aan voorafgaat.

Elske (53)
Ik slaap tegenwoordig op een badstof badlaken. Zo kan ik het vocht nog enigszins opvangen. Bovendien kun je zo'n handdoek makkelijker verschonen dan een heel hoeslaken. Over me heen leg ik een dekbedhoes zonder dekbed erin. Mocht ik het onverwacht koud krijgen, dan ligt er een fleecedeken naast mijn bed voor het grijpen.

WAT VALT ERAAN TE DOEN?

Soms komt een opvlieger uit het niets. Soms worden vapeurs veroorzaakt door stress. In dat geval circuleren er te veel van de stresshormonen adrenaline en cortisol door je lichaam, waardoor de lichaamsthermostaat nog meer ontregeld raakt. En hup: daar heb je weer een opvlieger. Hoewel vaak makkelijker gezegd dan gedaan, is het dus goed om stresssituaties zo veel mogelijk te vermijden.

Adrenaline komt ook vrij bij plotselinge schrik en dreigend gevaar, en kan dan ook opvliegers veroorzaken.

Sommige voedingsmiddelen vergroten de kans op opvliegers. Vooral snelle koolhydraten (geraffineerde suikers) en sterk gekruid eten lijken vapeurs in de hand te werken. Koffie, thee en alcohol kun je eveneens beter laten staan als je er veel last van hebt. Vermijd ook warme baden en bloedhete ruimtes.

Vrouwen die roken en vrouwen met overgewicht (met een BMI

van meer dan 25) hebben meer last van opvliegers en nachtzweten, dus het helpt om te stoppen met roken of af te vallen. Laat ook je bloeddruk checken: behalve dat een hoge bloeddruk slecht is voor hart- en bloedvaten, kan die ook opvliegers in de hand werken.

Nachtzweten kan verstrekkende gevolgen hebben. Doordat je steeds wakker wordt en eruit moet, slaap je slecht. Daardoor ben je overdag moe en chagrijnig, en kun je je niet goed concentreren op je werk. Ga naar een arts of consulente voor advies als je het gevoel hebt dat het zweten 's nachts je functioneren overdag fors ontregelt.

VAGINALE VERANDERINGEN

VAGINALE ATROFIE

Atrofie betekent letterlijk 'verschrompeling van organen'. Atrofie van de vagina is een natuurlijk proces, dat zich in meer of mindere mate bij alle vrouwen na de menopauze voordoet. Door de vermindering van de productie van oestrogeen wordt het slijmvlies van de schaamlippen en de vagina, maar ook van de baarmoeder en de blaas, dunner, minder elastisch, stugger en kwetsbaarder. Daarnaast verdwijnt het onderhuidse vetweefsel van de schaamlippen, waardoor ze slapper worden en wat gaan hangen. Ook wordt er minder vaginale afscheiding geproduceerd. Hierdoor vermindert de natuurlijke weerstand van de vagina en kan er een droog gevoel ontstaan.

De mate waarin atrofie optreedt, kan van vrouw tot vrouw verschillen. Je kunt pijn krijgen bij het vrijen en andere seksuele problemen. Ernstige vaginale atrofie kan een soort van chronische ontsteking tot gevolg hebben: atrofische vaginitis.

Vrouwen die op een onnatuurlijke wijze in de overgang zijn gekomen, omdat ze kanker hadden en daarvoor zijn bestraald of geopereerd en/of antihormonen krijgen, hebben een verhoogd risico op vaginale atrofie.

Marte (39)
Eindelijk was het zover. Tijdens de zes maanden chemotherapie had ik me te belabberd gevoeld om zelfs maar aan seks te denken. Maar nu die ellende eindelijk achter de rug was en ik me langzaam beter begon te voelen, wilde ik niets liever dan lekker vrijen. Eindelijk weer intimiteit delen. Eindelijk weer genieten. Eindelijk weer normaal zijn.

Het was een memorabele avond, een afsluiting van een moeilijke periode, dus ik had extra mijn best gedaan om er wat gezelligs van te maken. Kaarsje, muziekje, je kent het wel. Overigens was er weinig voor nodig om mijn Italiaanse echtgenoot in de stemming te brengen. Normaal is er al niets mis met zijn libido, maar na zo'n lange periode van onthouding stond hij op springen.

We zoenden, we lachten, we voelden. Wat heerlijk om dat weer te kunnen, schoot het door mijn hoofd. En toen ging het fout. Door alle behandelingen was het slijmvlies van mijn vagina zo dun en droog geworden dat één penetratie voldoende bleek om het als een stuk oud elastiek kapot te trekken.

VAGINALE INFECTIES

Onder normale omstandigheden zijn in de vagina verschillende soorten micro-organismen aanwezig, die samen de vaginale flora vormen. De meeste hiervan zijn lactobacillen. Lactobacillen behoren tot de melkzuurbacteriën die suikers (glycogeen genaamd, dat wordt geproduceerd in het vaginaslijmvlies) omzetten in melkzuur (lactaat). In de vagina zorgen ze ervoor dat de zuurgraad optimaal is (enigszins zuur). Deze ideale zuurgraad van ongeveer 4,5 pH beschermt tegen bacteriën die infecties kunnen veroorzaken. De pH-waarde drukt de zuurgraad uit: 0 is het meest zuur, 14 het minst.

Zoals gezegd ontstaat met het dalen van de oestrogeenspiegel in de overgang in meer of mindere mate vaginale atrofie: het vaginaslijmvlies (epitheel genaamd) wordt dunner. Met de afname van de epitheelcellen neemt ook de hoeveelheid glycogeen in die cellen af. Daardoor wordt er minder melkzuur geproduceerd en stijgt de pH-waarde (naar 5,4 tot 6,8 pH en soms nog hoger). Door die lagere zuurgraad kan de vagina gevoeliger worden voor infecties.

WAT VALT ERAAN TE DOEN?

Het is belangrijk om bij jeuk of pijn van het vulvagebied (de schaamlippen, de clitoris, de uitgang van de urinebuis, de opening van de vagina en het perineum) naar de dokter te gaan en niet af te wachten tot het overgaat. Ga ook niet op eigen houtje van alles uitproberen. Alleen een arts kan beoordelen of er inderdaad sprake is van een vaginale infectie en zo ja, of die wordt veroorzaakt door atrofie of door iets anders. Ga ook naar de dokter als je pijn krijgt bij het vrijen.

Wanneer je vaak last hebt van vaginale infecties, moet de conditie van het epitheel in orde worden gebracht, zodat de balans in de vaginale flora zich kan herstellen.

Om het slijmvlies weer dikker, steviger en elastischer te maken, kan je huisarts of gynaecoloog je een pilletje, crème of ovule (vaginale zetpil) op basis van oestrogeen voorschrijven. Daarnaast kan een probioticakuur de florabalans in de vagina herstellen. Je hebt ze speciaal voor vaginaal gebruik, maar er zijn bij de apotheek ook probioticakuren te koop met lactobacillen in de vorm van capsules of tabletten die je slikt of kauwt.

Er bestaan ook niet-hormonale behandelingen in de vorm van vaginale gels en zetpillen op basis van hyaluronzuur. Hyaluronzuur, een lichaamseigen suiker die onder andere voorkomt in het epitheel, zorgt voor stevigheid en elasticiteit.

URINEVERLIES EN BLAASONTSTEKING

INSPANNINGSINCONTINENTIE

Het dunner worden van het slijmvlies van de vagina gaat hand in hand met het dunner worden van het slijmvlies van de plasbuis: de urethra. Ook de sluitspier van de plasbuis verslapt door het tekort aan oestrogeen en de bekkenbodem wordt minder goed doorbloed. De bekkenbodem bestaat uit een grote spiergroep die als een soort hangmatje de blaas, de baarmoeder en de endeldarm ondersteunt. De plasbuis, de vagina en de darm lopen door deze spiermat heen. Naarmate je ouder wordt kan deze spiergroep sowieso slapper worden. Deze factoren samen kunnen ervoor zorgen dat je je plas niet meer goed kunt ophouden als je bijvoorbeeld moet niezen, hoesten, lachen, of wanneer je de trap op loopt, rent, springt of sport.

Dat ongewilde urineverlies wordt inspanningsincontinentie genoemd. Soms wordt het woord 'stressincontinentie' gebruikt, maar dat is misleidend, want het heeft niets met mentale stress te maken. Dikkere vrouwen lopen een groter risico dan slanke vrouwen, omdat er bij hen meer spanning staat op het urogenitale gebied.

Cora (60)
Vroeger gebeurde het me ook wel eens dat ik een beetje in mijn broek plaste als ik heel erg moest lachen of hoesten. De dokter zei dat dit kwam door de geboorte van de tweeling. Maar sinds een paar jaar is het bar en boos. Bij de minste lichaamsbeweging plas ik al in mijn broek. Om die reden loop ik ook niet meer hard, maar heb ik een sportfiets gekocht. Het is niet veel, soms maar een paar druppels, maar genoeg om het bloedirritant te vinden. Daarom gebruik ik altijd een maandverbandje. Ik ben ook altijd bang dat mensen het kunnen ruiken.

BLAASONTSTEKING

Vaker moeten plassen, pijn bij het plassen of inspanningsincontinentie: dat alles kan wijzen op een blaasontsteking. Als je daar voor het eerst last van krijgt in de overgang kan atrofie van het blaasslijmvlies de oorzaak zijn. Oestrogeen zorgde tot dan toe voor een goede doorbloeding van de blaaswand en de plasbuis, zodat het slijmvlies voldoende dik, stevig en elastisch bleef. Als door de afname van oestrogeen de blaasbinnenbekleding dunner wordt, kunnen hier eerder ontstekingen ontstaan.

WAT VALT ERAAN TE DOEN?

Heb je last van urineverlies, wacht dan niet te lang met een bezoek aan de huisarts.

Een vaginale oestrogeenbehandeling werkt heel effectief wanneer het urineverlies veroorzaakt wordt door een oestrogeentekort en je er op tijd bij bent. Zo'n oestrogeenbehandeling helpt ook preventief tegen blaasontstekingen. Heb je toch een blaasontsteking opgelopen, dan krijg je een antibioticakuur voorgeschreven.

Heb je vaak blaasontsteking, dan is het verstandig om daarnaast de blaasflora op te peppen middels een probioticakuur met lactobacillen.

Soms word je bij urineverlies ook doorverwezen naar de bekkenbodemfysiotherapeut, bij wie je kunt leren hoe je je bekkenbodem op de juiste manier aan- en ontspant.

ATYPISCHE OVERGANGSKLACHTEN

DROGE OGEN, NEUS EN MOND

Door de afname van oestrogeen worden de slijmvliezen van de ogen, neus en mond droger. Droog neusslijmvlies kan zorgen voor een loopneus of een bloedneus. Je ogen kunnen zo droog worden dat je geen lenzen of oogmake-up meer kunt verdragen. Of de tranen biggelen je over de wangen als je buiten aan het lopen of fietsen bent.

Je kunt last krijgen van een droge mond, een branderig gevoel in de mond of van de tong, of een vieze smaak waarvoor de tandarts geen oorzaak kan vinden. Wanneer je onvoldoende speeksel hebt, kunnen bepaalde zuren die veroorzaakt worden door tandplaque niet geneutraliseerd worden. Daardoor liggen ontstekingen op de loer. In het ergste geval kun je paradontitis krijgen: een vergevorderde ontsteking van het tandvlees. Met als gevolg dat het tandvlees zich terugtrekt en het kaakbot slinkt - en dat slinkt toch al, doordat de botdichtheid afneemt vanwege een lagere oestrogeenspiegel. Daardoor komen tanden en kiezen los te zitten.

WAT VALT ERAAN TE DOEN?

Helaas valt aan een droge mond, neus en ogen niet veel te doen. Zet wanneer je ogen erg tranen zo veel mogelijk een zonnebril op en vraag advies aan je huis- of oogarts.

Bij een droge mond moet je vooral voldoende drinken, zodat de speekselproductie op gang blijft. Ga regelmatig naar de tandarts voor controle en minstens drie keer per jaar naar de mondhygiëniste om je gebit grondig schoon te laten maken. Als je rookt, probeer daar dan mee te stoppen, want dit verergert paradontitis.

HOOFDPIJN EN MIGRAINE

Tijdens je vruchtbare leven had je misschien al last van hoofdpijn of migraine vlak voor of tijdens de menstruatie. Vaak ging zo'n aanval, die zo'n twee tot drie dagen duurde, gepaard met andere PMS-verschijnselen. Vrouwen die hier gevoelig voor zijn, hebben vaak ook dit soort hoofdpijnen in de premenopauze, uitgelokt door hormoonschommelingen. Het goede nieuws is dat deze pijnaanvallen in de postmenopauze, wanneer je hormoonbalans zich weer enigszins heeft gestabiliseerd, vaak afnemen en soms zelfs helemaal verdwijnen.

Ook andere overgangsklachten zoals opvliegers en nachtzweten - en in het kielzog daarvan vermoeidheid en stress - kunnen hoofdpijn veroorzaken of verergeren.

WAT VALT ERAAN TE DOEN?

Probeer na te gaan wanneer en waardoor je hoofdpijn ontstaat, eventueel met behulp van een hoofdpijndagboekje waarin je je bezigheden noteert, en wat je eet en drinkt en wanneer je hoofdpijn krijgt. Koffie, zwarte thee, frisdrank, energiedrankjes, alcohol en voedsel met veel suikers kunnen namelijk je klachten verergeren.

Drink voldoende water en kruidenthee. Gespannen schouders en een verkrampte nek, veroorzaakt door stress of veel achter de computer zitten, kunnen spanningshoofdpijn opleveren. Zorg dus dat je elke dag beweegt in de buitenlucht, of ga op yoga of een andere sport die je soepel houdt. Helpt dat allemaal niet, vraag dan de huisarts om advies.

HARTKLOPPINGEN

Opvliegers en nachtzweten kunnen gepaard gaan met hartkloppingen. Sowieso kun je daar in deze periode last van krijgen. Dat wil zeggen dat je je eigen hart voelt kloppen of bonzen of dat het lijkt alsof je hart een slag overslaat. Dat kan behoorlijk angstaanjagend zijn. Zeker als je alleen in bed ligt, kan de paniek toeslaan dat je een hartinfarct krijgt. Dat is echter nergens voor nodig, want vrijwel altijd zijn hartkloppingen volkomen onschuldig, Alleen wanneer ze langer aanhouden dan een paar minuten kan er iets anders aan de hand zijn, bijvoorbeeld hartritmestoornissen.

Sommige vrouwen klagen over pijn en hartkloppingen als ze op hun linkerzij liggen. Niks aan de hand: in die houding kan het hart wat naar onderen zakken en dan voel je het sterker kloppen.

WAT VALT ERAAN DOEN?

Probeer rustig te blijven. Leg je handen op je buik en adem naar je handen toe. Wanneer je hoog en oppervlakkig blijft ademen, ga je hyperventileren, wat het angstige gevoel alleen maar zal versterken. Ga naar de dokter wanneer hartkloppingen langer dan vijf minuten duren, of wanneer ze gepaard gaan met benauwdheid of misselijkheid, of met druk of pijn op de borst, tussen de schouders of boven in de rug.

HOGE BLOEDDRUK

In de overgang kan je bloeddruk stijgen, omdat je aderen minder elastisch worden door de daling van oestrogeen. Vaak heb je dit niet in de gaten; een hoge bloeddruk zie en voel je niet altijd. Daarom wordt die wel een *silent killer* genoemd. Een te hoge bloeddruk is slecht voor hart en vaten. Vaak is de aanleg ervoor genetisch bepaald, dus wees extra alert wanneer deze kwaal in de familie voorkomt of wanneer je tijdens je zwangerschap(pen) ook een hoge bloeddruk had: de kans is groot dat die in de overgang weer te hoog wordt. Na de menopauze neemt het risico op hoge bloeddruk sowieso toe.

Een hoge bloeddruk veroorzaakt deels hetzelfde soort klachten als de overgang: opvliegers, nachtzweten, snel geïrriteerd zijn, vermoeidheid, hoofdpijn, hartkloppingen en slaapstoornissen. Je kunt ook last krijgen van pijn op de borst, kortademigheid, niet goed op de linkerzij kunnen liggen, dikke voeten en 'strakke' vingers. Maar nogmaals: misschien merk je er helemaal niets van.

WAT VALT ERAAN TE DOEN?

Laat regelmatig je bloeddruk checken, ook al heb je nergens last van. Zeker als je rookt, want oudere rooksters lopen een groter risico. Mocht je bloeddruk te hoog zijn, dan zal de arts je lifestyleadviezen geven, want ook verkeerde voeding (te veel zout), te veel alcohol en overgewicht kunnen hoge bloeddruk in de hand werken. Helpt dat allemaal niet, dan worden je vaak medicijnen voorgeschreven. Behandeling ervan heeft dikwijls als bijkomend gunstig effect dat klachten als opvliegers en nachtzweten verminderen of zelfs helemaal verdwijnen.

SLAAPPROBLEMEN

Al in het begin van de overgang (zo'n vier jaar vóór je laatste menstruatie) kun je moeite krijgen met inslapen en doorslapen. Ook kun je korter gaan slapen dan je gewend bent, maar dat heeft vrijwel iedereen die ouder wordt, omdat je met het klimmen der jaren gewoon minder slaap nodig hebt.

Slaapproblemen waardoor je overdag niet uitgerust en fit bent, kunnen tot ver na de menopauze duren. De indirecte oorzaak, ook nu weer: veranderende hormoonspiegels. Die kunnen zorgen voor nachtzweten, hartkloppingen, piekeren, 'onrustige' benen, kramp in kuiten en voeten en vaker moeten plassen. Dat alles bevordert nou niet bepaald je nachtrust. Zeker niet als je daarnaast veel stress hebt, te veel koffie of alcohol drinkt, last hebt van een hoge bloeddruk of een slecht functionerende schildklier.

Goed slapen is essentieel voor je gezondheid. Tijdens de slaap wordt het groeihormoon aangemaakt, dat onontbeerlijk is voor de reparatie en groei van lichaamscellen en hersenweefsel. Het groeihormoon stimuleert het lichaam ook om vetreserves te verbranden. Kortom, wie goed slaapt, wordt minder snel dik. Bovendien wordt het stresshormoon cortisol tijdens de slaap afgebroken. Als je te weinig slaapt, voel je je gammel en kun je je niet goed concentreren. Je raakt er gestrest van, waardoor je nóg minder goed slaapt.

WAT VALT ERAAN TE DOEN?

Veel vrouwen nemen in deze periode hun toevlucht tot yoga, mindfulness of meditatie. Dat is niet voor niets: je leert er goede ontspanningsoefeningen die je 's nachts als je ligt te woelen kunt toepassen. Zorg daarnaast voor voldoende lichaamsbeweging – niet alleen in je yogaklasje, maar ook lekker buiten, zodat je voldoende daglicht krijgt. Daglicht bevordert de aanmaak van de neurotransmitter serotonine, ook wel het gelukshormoon genoemd. Dat stofje zorgt voor een ontspannen gevoel. Het activeert de aanmaak van melatonine in de pijnappelklier in de hersenen. Melatonine is een slaaphormoon: het reguleert je dag-en-nachtritme. Zodra de productie 's avonds op gang komt, word je slaperig. Geef je lichaam de kans om dit hormoon aan te maken door in de loop van de avond je activiteiten af te bouwen en het licht te dempen. Ga iets rustgevends doen: een boek lezen, muziek luisteren, een beetje praten of vrijen. Doe minstens een uur voordat je wilt gaan slapen de tv uit en klap je laptop dicht. Leg je tablet weg en zet je smartphone uit of op de vliegtuigstand. Het blauwe licht van deze schermen remt de natuurlijke productie van melatonine.

Lig je echt wakker en blijf je eindeloos woelen, ga er dan een kwartiertje uit. Luister naar rustgevende muziek, of lees wat bij gedempt licht. Ga dan weer naar bed. Doe wat ontspanningsoefeningen of luister naar een ontspanningsapp.

Overigens blijkt uit onderzoek in slaapklinieken, waar slapeloze patiënten worden geobserveerd en gemonitord, dat we vaak ongemerkt meer slapen dan we denken.

SPIER- EN GEWRICHTSKLACHTEN

Zoals al eerder gezegd is het hormoon oestrogeen de grootste leverancier van collageen, een eiwit dat je huid, maar ook banden, pezen, spieren en kraakbeen soepel en elastisch houdt.

Naarmate je verder komt in de overgang kun je last krijgen van stijve spieren en gewrichten; vooral bij het opstaan heb je het gevoel dat je in één nacht tien jaar ouder bent geworden. Of wanneer je lang stil hebt gezeten, herken je opeens je moeder in jezelf, die zuchtend en steunend uit haar stoel kwam. Er zijn vrouwen die last krijgen van de kleine gewrichten in de handen, van pijnlijke en krachteloze vingers en duimen. De klachten verschijnen meestal twee tot drie jaar na de menopauze.

WAT VALT ERAAN TE DOEN?

Hormoontherapie kan ervoor zorgen dat de klachten verdwijnen. Wanneer na drie maanden hormoonsuppletie dat niet het geval is, is de oorzaak geen tekort aan oestrogeen maar is er iets anders aan de hand.

PIJNLIJKE BORSTEN

Met name in de premenopauze, wanneer door het uitschietend FSH de oestrogeenproductie kan gaan pieken, kun je last krijgen van pijnlijke, gespannen borsten. Door het oestrogeen kun je ook vocht vasthouden en overal in je lichaam een opgeblazen gevoel krijgen. Zodra je ongesteld wordt, verdwijnen de klachten. Wanneer je verder in de overgang komt, zal de oestrogeenproductie niet meer extreem stijgen maar juist dalen, en verdwijnt het gespannen of opgeblazen gevoel.

HOOFDSTUK 3

Psychische en mentale klachten

HORMOONSCHOMMELINGEN EN STEMMINGSWISSELINGEN

Soms is al voordat je menstruatie ontregeld raakt aan je stemmingen te merken dat er iets met je aan de hand is. Bij het minste of geringste, vaak zonder aanwijsbare reden, raak je uit balans. Waar komen die stemmingswisselingen en woede-uitbarstingen, de huilbuien en dat sombere gevoel, de vergeetachtigheid en verstrooidheid opeens vandaan? 'Ik herken mezelf niet meer' en 'Ik ben bang dat ik gek aan het worden ben,' zeggen de ongeruste vrouwen die met dit soort symptomen hun huisarts raadplegen. Hun echtgenoten, die soms meekomen naar het spreekuur, zijn al net zo verontrust. Wat is er in godsnaam met haar aan de hand? Is ze depressief? In een midlifecrisis? Wil ze scheiden?

Nee, hoogstwaarschijnlijk ben je niet depressief, heb je geen burn-out en zit je ook niet in een midlifecrisis. Het zijn de hormonen die je parten spelen doordat je eitjes opraken en aan kwaliteit inboeten, waardoor je hormoonhuishouding uit balans raakt.

Je lichaam en hersenen worden door tal van hormonen aangestuurd en beïnvloed. Elke ingrijpende hormoonschommeling in je leven veroorzaakt een omwenteling. Bij pubers verandert onder invloed van de geslachtshormonen hun lichaam, maar ook op intellectueel en emotioneel gebied vindt er in die jaren een ontzaglijke verandering plaats. Zwangere vrouwen lijken wel een ander brein te krijgen en vrouwen die net zijn bevallen ontkomen niet aan de babyblues: de beruchte kraamtranen op de derde dag na de bevalling. Soms ontstaat er, onder invloed van een enorme hormoondip na de geboorte van het kind, een postnatale depressie of zelfs een psychose. Veel vrouwen hebben vlak voordat ze ongesteld worden last van PMS, premenstrueel syndroom, waarbij ze gedeprimeerd, humeurig en vergeetachtig worden onder invloed van dalende progesteron- en oestrogeenspiegels.

Karin (54)
Het jaar waarin ik 50 werd, ben ik alleen maar woedend geweest – en ik had geen idee waarom. O wee als je mijn pad kruiste op een moment dat dat me niet zinde. Bakfietsmoeder die me per ongeluk sneed op het fietspad? Ik reed haar gewoon klem om haar de huid vol te schelden. Tienerdochter die met haar vriendinnen op de bank zat te chillen? Ik rende, hard met de deuren slaand, het huis uit. Collega met een omslachtig verhaal? Ik zette ostentatief mijn koptelefoon op en luisterde gewoon niet meer. Ik kon nergens meer tegen: niet tegen mijn man als hij nog een biertje open liet ploppen, niet tegen trage kassamedewerkers van vijftien die ingewerkt werden, niet tegen mijn brugklaszoon als ik hem zijn Frans overhoorde en hij zijn woordjes niet kende, zelfs niet tegen opaatjes die traag een drukke weg over schuifelden – voldoende om me in tranen te laten uitbarsten. En als ik niet huilde, was ik een heks. Ik wilde met rust gelaten worden: het rennen, vliegen, draven om alle ballen in de lucht te houden, het zorgen voor mijn gezin – ik was het helemaal zat. Het liefst was ik alleen gaan wonen, zodat ik met niemand meer rekening zou hoeven te houden, terwijl ik normaal toch een zeer sociaal wezen ben. Ik herkende mezelf niet meer en ik had geen idee wat er aan de hand was. Dat ze me niet het huis uit hebben gezet en me op mijn werk niet hebben ontslagen, mag een wonder heten.

Een goed gesprek met mijn gynaecoloog en een pilletje dat ik kreeg tegen het nachtzweten en de opvliegers verrichtte wonderen. Binnen een paar weken was ik weer bedaard. Dat was een eyeopener: het lag dus aan de hormonen! Ik had geen idee dat al die onverklaarbare stemmingen ook bij de overgang hoorden.

DE INVLOED VAN PROGESTERON EN OESTROGEEN OP HET BREIN

De vrouwelijke hormonen progesteron en oestrogeen zijn niet alleen van invloed op je lichaam, maar ook op je psyche. Hormonen hebben namelijk effect op lichaamscellen die deze stofjes 'herkennen'. Die cellen hebben een receptor die dat bepaalde hormoon weten te vangen en aan de cel kunnen koppelen. Progesteron- en oestrogeenreceptoren komen niet alleen in je lichaam voor, maar ook in de hersenen.

PROGESTERON

Progesteron is een hormoon dat voornamelijk in de eierstokken wordt geproduceerd en na elke eisprong in grote hoeveelheden wordt aangemaakt door het achtergebleven eiblaasje. Het bereidt het baarmoederslijmvlies voor op een eventuele innesteling van een bevrucht eitje. Het hormoon heeft daarnaast een beschermend en voedend effect op ons brein. Het stimuleert het autonome zenuwstelsel en zorgt er onder andere voor dat het lichaam in een toestand van rust komt, zodat cellen zich kunnen herstellen.

Het hormoon staat dan ook bekend om zijn rustgevend effect; het maakt je een beetje loom en slaperig en werkt als een natuurlijk antidepressivum. Daardoor ben je beter bestand tegen stress en wordt angst geremd. Dalend progesteron aan het einde van de menstruatiecyclus, wanneer er geen zwangerschap tot stand is gebracht en het baarmoederslijmvlies weer moet worden afgebroken, zorgt bij veel vrouwen voor PMS; die paar dagen voor je menstruatie waarin je huilerig, kribbig, nerveus kunt zijn.

Hetzelfde is aan de hand in de overgang, wanneer er nauwelijks meer een eisprong plaatsvindt; extra progesteronproductie blijft uit. Vooral vrouwen die gevoelig waren voor PMS ervaren nu dezelfde klachten.

OESTROGEEN

Een nog groter effect op de hersenen dan progesteron heeft het hormoon oestrogeen. In diverse hersengebieden komen oestrogeenreceptoren voor, waaronder de hypocampus, die onderdeel uitmaakt van het limbisch systeem. Dat is het deel van de hersenen dat emotie, lust, seksuele actie, motivatie, stress en het geheugen aanstuurt. De kleinste verandering in de oestrogeenspiegels kan al verandering in de emotionele huishouding teweegbrengen.

Daarnaast stimuleren oestrogenen de aanmaak van verschillende neurotransmitters.

NEUROTRANSMITTERS

Neurotransmitters zijn stofjes in het zenuwstelsel die boodschappen overbrengen en zorgen dat zenuwcellen met elkaar kunnen communiceren.

Zo heeft een verandering van de oestrogeenspiegel ook invloed op neurotransmitters die een rol spelen bij je humeur en slaapkwaliteit (serotonine), je geluksgevoel (dopamine), je energieniveau (noradrenaline), je sociale interesse, hechting en zorgzaamheid (oxytocine), je geheugen en concentratie (acetylcholine).

Een verstoring van de hormonen, zoals het geval is in de overgang, kan dus leiden tot allerlei emotionele klachten, maar ook tot slapeloosheid en vermoeidheid en tot cognitieve veranderingen, zoals vergeetachtigheid en concentratiestoornissen. Zoals het oestrogeenniveau schommelt, zo schommelt de rest mee. Prikkelbaarheid en woedeaanvallen kunnen plots de kop opsteken en ook weer als sneeuw voor de zon verdwijnen.

De ene vrouw is gevoeliger voor hormoonschommelingen dan de andere; je kunt er dus heviger last van hebben dan je vriendin of zus. Ook omstandigheden spelen een rol en kunnen overgangsverschijnselen verergeren. Vrouwen die een (eenouder)gezin met pubers moeten managen, voor hun oude ouders moeten zorgen, of stress hebben vanwege een reorganisatie of ontslag, hebben al genoeg aan hun hoofd. Zij kunnen hormoonpieken en -dalen doorgaans minder goed opvangen.

EMOTIONELE KLACHTEN

DEPRESSIE

Die emotionele veranderingen, dat gevoel dat je jezelf niet meer herkent, kan vrouwen enorm dwarszitten en opbreken. Misschien nog wel meer dan de opvliegers en het nachtzweten. En het zijn niet alleen stemmingswisselingen en huilbuien die je parten kunnen spelen. Sommige vrouwen voelen zich vooral somber, staan met een gedeprimeerd gevoel op en slepen zich door de dag. Vaak wordt die neerslachtigheid door henzelf of door hun huisarts of psycholoog versleten voor een depressie. Maar een klinische depressie is echt iets anders; dat is een serieuze psychische stoornis die verschilt van 'gewone' somberheid door de aard en de duur van de symptomen. De overgang alléén kan een depressie niet triggeren: je moet hier genetische aanleg voor hebben, of de depressie moet uitgelokt worden door een traumatische ervaring, zoals een scheiding, het verlies van een geliefde, of werkloosheid.

Ongeveer één op de zeven mensen in Nederland krijgt ooit een depressie. Vrouwen die al eerder in hun leven een depressie hebben gehad, kunnen in de overgang weer depressief raken. Ze doen er goed aan hun symptomen te bespreken met de huisarts of een psycholoog.

ANGST EN PANIEK

Naast gevoelens van somberheid melden vrouwen ook aanvallen van angst en paniek. Opeens kunnen die toeslaan: je wordt onzeker en angstig in het verkeer, op straat, in mensenmassa's en drukke winkels. Of je wordt bang ziek te zijn of dood te gaan. Symptomen zijn: duizeligheid, pijn op de borst, ademtekort, hartkloppingen, het gevoel de controle te verliezen en 'gek' te worden. Als je nooit eerder dit soort angstaanvallen hebt gehad, zouden ze veroorzaakt kunnen worden door hormonale schommelingen. Vrouwen die er eerder in hun leven last van hadden, kunnen er in de overgang extra gevoelig voor zijn. Gaan ze je leven bepalen en worden ze onhanteerbaar, roep dan hulp in. Regelmatige angstaanvallen zijn een waarschuwingssignaal voor een heuse paniekstoornis.

Tineke (50)
Al die verhalen over de overgang vond ik altijd gezeur. Die vrouwen en hun kwaaltjes – ik moest er niks van weten. Zo ga ik niet worden, dacht ik. Maar toen kreeg ik een jaar of vijf geleden opvliegers. Héftige. Stemmingswisselingen. Een gevoel van algehele malaise. Pijn in mijn gewrichten. Ik heb jaren mijn eigen yogastudio gehad, ik ben altijd soepel en lenig geweest, maar nu deed alles zeer. Mijn overgangsklachten werden gaandeweg steeds erger. Als ik 's nachts een opvlieger had, kwam ik in een vreemde bewustzijnsvernauwing terecht. Een *state of mind* die ik niet eens goed kan beschrijven. Beklemmend, angstig. Er kwamen heel nare herinneringen uit mijn jeugd naar boven. Maar zodra de opvlieger voorbij was, verdween ook die beklemming.

De opvliegers en die angstaanvallen namen toe. Ik had voor het eerst in mijn leven het gevoel dat ik mezelf niet onder controle had. Mijn vriend zat halve nachten met me op. Het ging van kwaad tot erger. Ik kreeg ook allerlei vreemde fysieke verschijnselen. Stond ik een stel te trouwen – ik ben trouwambtenaar –, voelde ik opeens de adrenaline door mijn aderen jagen, terwijl mijn handen en armen verstijfden. Een angstaanjagende sensatie. Ik had geen idee wat er aan de hand was: kreeg ik soms een hartaanval? De huisarts zei alleen: tja, dat kan gebeuren in de overgang. Hij schreef me een pilletje voor, een antidepressivum. Dat heb ik maar een dag geslikt; ik reageerde er te heftig op. Binnen de kortste keren kon ik mijn ledematen nauwelijks meer bewegen. Ik kon alleen nog maar op bed liggen. Ik kreeg een ander pilletje, weer een antidepressivum. Daar werd ik vooral apathisch van. Daar ben ik ook weer mee gestopt.

Het ging steeds slechter met me. Tijden die nachtelijke aanvallen van angst en opvliegers dacht ik dat ik knettergek werd. Ik meldde me ziek op mijn werk. Mijn vriend nam een paar weken vrij om voor me te zorgen. Als hij de deur uit moest, kwamen vrienden op me passen. Soms kwamen ze ook 's nachts, zodat Jan eens door kon slapen. We hadden geen idee wat er aan de hand kon zijn.

Na een paar maanden heb ik me laten opnemen op de psychiatrische afdeling van het ziekenhuis hier in de buurt. Ik heb daar zelf om gevaagd, want ik wist het gewoon niet meer. Ik kon niks meer, nog niet eens de deur uit voor een boodschap. Op de PAAZ heb ik maar een paar dagen gezeten. Het was er vreselijk. Ze wilden me alleen maar volstoppen met pillen. Toen ik zei dat het allemaal was begonnen toen ik in de overgang kwam, zei een van de verpleegkundigen tegen me: 'Tineke, je moet gewoon accepteren dat je ouder wordt. Dat je niet meer dat mooie meisje van vroeger bent, dat je rimpels krijgt. Wen er maar aan.' De psychiater zag me gewoon als een psychiatrisch geval. In ieder geval stelde hij een diagnose: hij zei dat ik leed aan angst- en paniekaanvallen door een serotoninetekort. Dat schiep een beetje duidelijkheid.

Toen ik weer thuis was, bleven die aanvallen 's nachts komen. Ik voelde enorme angsten, terwijl er rationeel gezien geen enkele reden was om bang te zijn. Jan, al die tijd mijn geduldige steun en toeverlaat, las me dan voor uit een boek van Jon Kabat-Zinn, de grondlegger van mindfulness. Daar werd ik wat rustiger van.

Ik ben ook sint-janskruid gaan gebruiken om het serotoninetekort aan te vullen, maar de angstaanvallen hielden aan, onvoorspelbaar en oncontroleerbaar. Soms duurden ze dagen. Ik bande zo veel mogelijk prikkels uit mijn leven: ik keek geen tv meer, ik reed geen lange stukken in de auto, ik vermeed zo veel mogelijk stress en opwinding. Desondanks bleven ze komen. Ook tijdens een ontspannen vakantie in Kroatië doemden ze op, zonder enige aanleiding.

Mijn arts kon me niet verder helpen, en mijn vriendinnen hadden nog nooit zoiets meegemaakt. Het zou wel door haar jeugd komen, dacht iedereen. Maar ik voelde intuïtief aan dat er iets anders aan de hand was. Op een gegeven moment ben ik gaan googelen en zo stuitte ik op de site van een verpleegkundig overgangsconsulente. Ik kon nog dezelfde week bij haar terecht. Ze vertelde me dat ze meer vrouwen zoals ik in haar praktijk had. Vrouwen die de ene dag nog over de wereld vlogen voor hun drukke baan, en de dag erop opeens niet meer over een brug durfden te rijden. Ze legde me uit dat die angsten veroorzaakt konden worden door een tekort aan oestrogeen. Ze haalde me over om hormoontherapie te proberen om mijn hormoonhuishouding te reguleren. De gynaecoloog schreef me een lage dosis Femoston voor, die gaandeweg voorzichtig omhoog werd geschroefd.

Het was ongelooflijk, maar binnen een dag voelde ik me weer gewoon, zoals ik altijd ben geweest. Misschien was het een placebo-effect, maar dat kan me niet schelen. En dat kan toch geen jaren aanhouden? Ik gebruik die hormonen nu ruim twee jaar en ik ben weer helemaal de oude. Ik heb geen opvliegers meer, mijn gewrichten zijn weer soepel, ik kan weer werken en sporten. En een paniekaanval heb ik nooit meer gehad.

GEEN ZIN MEER IN ZORGEN

Veel vrouwen in de overgang gaan meer introvert gedrag vertonen. Ze hebben geen zin meer om hun verjaardag te vieren, gaan met tegenzin naar feestjes, laten vriendschappen waar ze het nut niet van inzien versloffen, vermijden collega's omdat ze geen zin meer hebben in uitgebreide verhalen over zieke kinderen en demente moeders, ze hebben geen zin in kletspraatjes bij het koffieapparaat. 'Laat me maar even met rust,' is een veelgehoorde uitspraak.

Dat naar binnen keren, die afname van sociaal gedrag, zou het gevolg zijn van de afname van oxytocine, ook wel het knuffel- of zorghormoon genoemd. Het is een stofje dat je brein aanmaakt onder invloed van zonlicht, als je gezellig aan het kletsen bent met je vriendinnen, als je prettige seks hebt. Oxytocine speelt een belangrijke rol in diverse fases van een vrouwenleven: het laat de weeën op gang komen en je melk toeschieten als je borstvoeding geeft. Het zorgt ervoor dat je met eindeloos geduld met je huilende baby rondzeult. Onder invloed van dit hormoon denk je eraan een kaartje te sturen als je vriendin jarig is en elke week te bellen met je schoonmoeder. Als dit hormoon afneemt, kun je het minder makkelijk opbrengen om telkens klaar te staan voor anderen en hun een luisterend oor te bieden. Voor onze moeders en grootmoeders was dat niet zo'n probleem: ze kregen vaak op jonge leeftijd hun kinderen en die waren allang de deur uit en volwassen als zij in de overgang kwamen. Maar de overgangsters van nu zijn vaak pas aan kinderen begonnen toen ze al dik in de dertig waren. Ze hebben, vaak naast een veeleisende baan, nog pubers of zelfs jonge kinderen thuis die hun zorg en aandacht behoeven.

De afname van dat zorghormoon oxytocine lijkt biologisch verklaarbaar: we zijn zoogdieren en de meeste vrouwelijke zoogdieren sterven na hun vruchtbare fase. Wij leven echter voort. Je brein reset zich. Je hoeft niet meer te zorgen of met anderen rekening te houden, want het nest is leeg - althans zo wordt het brein geprogrammeerd, ongeacht of die nieuwe mindset wel overeenkomt met de werkelijkheid.

En al die oma's dan die tegenwoordig worden ingezet om op de kleinkinderen te passen? Die zorgen toch ook, met liefde, geduld en toewijding? Dat klopt, maar er is één groot verschil. Zij hoeven geen tien ballen tegelijk meer in de lucht te houden. Om zes uur is hun taak afgelopen, mogen ze naar huis en hebben ze weer alle tijd voor zichzelf. Dat geldt niet voor die vrouw die nog drie pubers thuis heeft.

Wilma (53)
Je mag het niet hardop zeggen, maar ik heb het eigenlijk zó gehad. Een paar jaar geleden vond ik het ongezellig als mijn dochters boven op hun kamer gingen zitten, nu vind ik het best. Als ze er nu gezellig bij komen zitten, denk ik vaak: laat me met rust. Het is gek, maar ik kan hun ellenlange verhalen over vriendinnen en uitgaan en wie wat heeft gezegd of gedaan niet meer hóren. De schoolperikelen van mijn zoon vind ik vooral irritant en als de oudste begint over gedoe met haar vriendje, denk ik: val me niet lastig.

Vroeger, toen ze nog klein waren en om me heen drentelden, ging ik vaak koken of een taart bakken. Dat was goed te combineren en ik vond dat leuk. Als mijn man en ik uit eten gingen, zorgde ik dat er eten was voor de kinderen en de oppas. Nu denk ik: haal maar een pizza. Dat had ik vroeger nóóit gedaan.

Nu doe ik liever iets anders dan zorgen en koken en sloven: op de bank een boek lezen of zo, lekker naar de film met mijn man, of met vrienden uit eten. Deze zomer zijn Frits en ik zelfs samen stiekem naar het strand geweest. Ik had gewoon geen zin om de kinderen mee te nemen. Erg hè. Hoewel, zo erg vind ik het niet, want ik wil niet meer eeuwig beschikbaar zijn. Ik wil tijd voor mezelf.

Ik heb de kinderen taken in het huishouden gegeven: stofzuigen, de wastafels en wc's poetsen. Mijn man kookt nu twee keer per week. Daarnaast heb ik nog een grote wens. Een eigen kamer, en een eigen bed. Dat lijkt me zo heerlijk, een plek voor mezelf. Nooit meer wakker worden als Frits, die veel later dan ik gaat slapen, de slaapkamer in komt sluipen en het licht aanknipt.

Die eigen kamer, die komt er misschien wel, als de oudste het huis uit gaat. Maar een eigen bed – daar zal het wel niet van komen. Frits wil daar niks van weten. Hij ziet dat echt als het einde van onze relatie.

LEEG NEST

Het omgekeerde komt natuurlijk ook voor: er zijn vrouwen die een leeg nest verschrikkelijk vinden. Zeker als je geen partner (meer) hebt en de kinderen alleen hebt opgevoed, kun je treurig worden van zo'n stil huis met lege kamers, zonder vanzelfsprekende reuring en gezelligheid. Vrouwen die altijd voor de kinderen hebben gezorgd, en daarnaast niet of nauwelijks werkten, voelen zich soms erg nutteloos nu ze niks meer omhanden hebben. En dan ben je ook nog eens in de overgang. Voor je het weet voel je je oud en afgeschreven.

Misschien heb je nooit kinderen gekregen. Wat de reden door ook voor is, de overgang is de opmaat naar een fase waarin je ze definitief niet meer zult krijgen. Dit besef kan met een schok komen en je kunt het er een tijd moeilijk mee hebben, ook al dacht je dit allang te hebben verwerkt.

INVLOED OP JE RELATIE

Bij de psycholoog, coach en relatietherapeut melden zich heel wat 40- en 50-plusvrouwen die zichzelf opnieuw willen uitvinden en hulp inroepen om vorm te geven aan deze nieuwe fase - de derde leeftijd wordt dat tegenwoordig wel genoemd.

We hebben hier te maken met een betrekkelijk nieuw fenomeen. Eind negentiende eeuw werd je gemiddeld niet ouder dan pakweg 50, maar tegenwoordig hebben vrouwen van rond de 50 een levensverwachting van 90 jaar. Hoe wil je die 40 jaar die je nog voor de boeg hebt invullen?

In dat licht zul je misschien ook de relatie met je partner willen herijken, zeker wanneer jullie samen kinderen hadden die nu uitgevlogen zijn en hun eigen leven leiden. Daar zit je dan, met z'n tweeën aan de eettafel en op de bank voor de tv. Opeens komt onbarmhartig aan het licht hoe jullie relatie ervoor staat. Hebben jullie de drukke gezinsjaren zonder al te veel kleerscheuren doorstaan? Is er nog genoeg gespreksstof? Verbondenheid? Lust? Liefde? Kortom, wat heb je nog samen?

Uit onderzoek blijkt dat ruim driekwart van de stellen het er moeilijk mee heeft om een nieuw evenwicht in de relatie te vinden nadat de kinderen uit huis zijn gegaan. Maar zo'n 20 procent ervaart het lege nest óók als een opluchting. Kinderen brengen een heleboel zorgen en stress met zich mee, en na hun vertrek krijg je als ouder meer rust en vrijheid.

Uit de cijfers blijkt ook niet, in tegenstelling tot wat altijd wordt beweerd, dat in deze fase meer mensen zouden gaan scheiden.

Het kan natuurlijk ook zo zijn dat je uit elkaar bent gegroeid. Wat therapeuten zien bij de wat oudere stellen die bij hen in therapie komen omdat ze elkaar zijn kwijtgeraakt, is dat de deal niet meer klopt die ze ooit - bewust of onbewust - hebben gesloten. Bijvoorbeeld de deal: ik zorg voor jou en jij zorgt voor het geld. Of: jij bent de afhankelijke en ik de onafhankelijke.

Het goede nieuws is dat ook deze relaties weer kunnen gaan bloeien, stellen de optimisten onder de therapeuten. Mits beide partners openstaan voor het inzicht dat die ooit gesloten deal niet meer werkt, voor de vraag hoe dat komt en wat eraan te doen valt. Het sleutelwoord is communicatie. Ga het gesprek aan, hoe moeilijk dat ook is. En roep desnoods de hulp van een therapeut in.

Eveline (53)
Onze oudste woont sinds een jaar op kamers. De jongste is nu zeventien en bijna altijd bij zijn vriendinnetje, of hij zit met vrienden op zijn kamer. Marco en ik moesten er even aan wennen, maar nu vinden we dat bijna lege nest wel zo fijn. We hebben een Cineville-kaart genomen en gaan minstens één keer per week samen naar de film. We gaan vaker uit eten, of we koken thuis lekker voor vrienden. Leuk als de zonen aanschuiven, maar dat hoeft niet. Het scheelt natuurlijk dat Marco en ik na 28 jaar nog steeds dol op elkaar zijn. Het zou anders zijn als we op elkaar waren uitgekeken. We vrijen ook weer vaker, laatst sinds eeuwen weer eens op een gewone donderdagavond op de bank, toen het stil en leeg was in huis.

Maaike (52)
Twee jaar geleden ging de jongste uit huis. Hij was 21 en ging samenwonen met zijn vriendin. Ik heb het nooit tegen Sjaak durven zeggen, maar waar ik het meest tegen opzag was dat hij en ik het weer samen moesten doen. Sjaak is best zwijgzaam en behoorlijk humeurig. Hij heeft een zware baan en 's avonds moet-ie echt bijkomen. Een beetje hangen voor de tv, dat doet

hij het liefst. Maar met z'n vijven vormden we een goed gezin. Sjaak is altijd een prima vader geweest; hij is leraar en ving de kinderen 's middags uit school op als ik moest werken. Hij was trainer op de voetbalclub van onze zoon, hij reed de meiden naar hockey. Niets was hem te veel. Maar of we samen nou zoveel hadden? We waren vooral ouders samen.

Voor het eerst in 27 jaar zaten we weer de hele week alleen tegenover elkaar bij het avondeten. Moesten we samen het gesprek gaande houden. Sjaak zat 's avonds voor de tv met een koptelefoon op, terwijl ik achter de laptop zat om nog wat te mailen of met vriendinnen belde. Ik voelde me doelloos en verlaten. Ik had het nooit van mezelf gedacht. Ik bedoel, ik heb een leuke baan en een hoop vriendinnen, maar het lege-nestsyndroom sloeg genadeloos toe. Ik was zo lamlendig dat ik depressief werd. Ik kreeg steeds meer een hekel aan Sjaak, met wie ik nauwelijks contact had. Ik dacht erover om bij hem weg te gaan.

Na een halfjaar barstte de bom en schreeuwde ik tijdens een laaiende ruzie dat ik zo niet verder wilde, met die zwijgzame man die nooit van de bank kwam. Sjaak schrok zich een ongeluk. We gingen in therapie. We raakten in gesprek. Ik durfde te vertellen wat ik wilde: verre reizen maken en iets van de wereld zien. Desnoods zonder Sjaak. Sjaak bleek van een bootje te dromen. Een klein motorbootje waarmee we Nederland konden doorkruisen. Afgelopen voorjaar waren we samen in New York. Vorig jaar zomer ben ik met een vriendin in Thailand geweest. Daar was Sjoerd met geen stok naartoe te krijgen. En dat bootje is er gekomen. Sjoerd gaat soms met een vriend een weekendje varen, maar ook samen maken we mooie tochten. In de zomer hebben we Friesland ontdekt. Als we samen op ons bootje zijn, Sjoerd achter het roer en ik met een boekje op het achterdek, voel ik onze verbondenheid. En ben ik trots. We hebben het toch maar mooi gefikst. Want voor hetzelfde geld waren we nu gescheiden.

VERANDERDRANG

In deze fase kun je overvallen worden door een enorme dadendrang. Alles moet anders: je man, je baan, als het even kan je hele leven. Vaak gaat dat van dik hout zaagt men planken: je zult de vrouwen de kost moeten geven die opeens genoeg hebben van hun baan en baas, die dromen van een carrièreswitch. Niet zelden nemen ze daadwerkelijk ontslag om als zelfstandige een eigen bedrijfje te beginnen. Heerlijk: geen zeurende collega's meer, geen flauwe kantoorhumor, geen vaste werktijden, met niemand meer iets te maken.

De vrouwen die wel tegen hun zin blijven zitten, omdat ze niet anders kunnen of durven, of omdat het hun ontbreekt aan daadkracht, voelen zich ontevreden, rusteloos, leeg.

Grote kans dat ook die onrust en veranderdrang veroorzaakt worden door de schommelende hormonen. En ook nu wordt de link met de overgang niet altijd gelegd, zeker niet als je in de beginfase zit en nog min of meer regelmatig ongesteld wordt. Dan wordt er eerder aan een depressie of burn-out gedacht. Koester een gezond wantrouwen tegen een dergelijke diagnose, zeker als je nooit eerder depressief bent geweest, of voorheen altijd met plezier je werk deed. Hormoontherapie is vaker een betere oplossing dan een antidepressivum of thuis gaan zitten vanwege vermeende overspannenheid. En soms is het inzicht in wat zich afspeelt in lichaam en brein al voldoende om je stukken beter te voelen (nee, je wordt niet gek).

MENTALE KLACHTEN

De afgelopen vijftig jaar is er ongelooflijk veel onderzoek gedaan naar de werking van de hersenen. Toch schatten wetenschappers dat we nog maar een fractie weten van hoe het brein nu werkelijk in elkaar steekt. Ook over de specifieke werking van de hersenen van vrouwen bij wie de overgang is begonnen of die in de postmenopauze zijn geraakt, is nog maar weinig bekend.

Wat wél vaststaat is dat hormonen als oestrogeen, progesteron en testosteron de mentale hersenfuncties beïnvloeden. Elke verandering van hormonen heeft effect op het brein. Dat zie je bij pubers en zwangere vrouwen, maar bijvoorbeeld ook heel goed bij transgenders die mannelijke dan wel vrouwelijke hormonen krijgen toegediend om hun transformatie te bewerkstelligen.

Wie daar over kan meepraten is de schrijver Maxim Februari (1963), voorheen Marjolijn Februari. Februari vertelde in een interview aan *Vrij Nederland* in 2013 over de wonderbaarlijke effecten van het testosteron dat Marjolijn - toentertijd in de overgang - kreeg om Maxim te kunnen worden. Niet alleen werden zijn stem lager, zijn taille rechter en de schouders breder, ook merkte Februari dat hij zich gaandeweg anders ging voelen en als een man ging denken en handelen: minder tobberig en meer energiek en assertief. Februari ervoer dus heel bewust hoe hormoonverschuivingen in korte tijd zijn lichaam en geest ingrijpend veranderden.

GEHEUGEN, CONCENTRATIE EN LEERVERMOGEN

Carien (49)
Tot voor kort had ik een feilloos geheugen. Ik hoefde nauwelijks of nooit mijn aantekeningen te raadplegen. Ik ben maatschappelijk werkster en van mijn meeste cliënten weet ik, tot hun verbijstering, alle grote lijnen en de kleinste feitjes uit hun leven. Maar sinds een halfjaar is mijn kortetermijngeheugen een zeef. Ik vergeet namen, ik weet niet meer waarom ik ook alweer naar de keuken liep, ik vergeet de titel van de film die ik een uur ervoor heb gezien, ik kan niet meer op alledaagse woorden komen. Een tijdje geleden volgde ik een bijscholingscursus, maar die had ik net zo goed niet hoeven te doen; er is echt niks van blijven hangen. Het lijkt wel of ik dement word. Als dat zo doorgaat kan ik straks mijn werk niet meer doen.

Wat Carien overkomt, is typerend voor heel veel vrouwen die in de overgang komen. Uit een onderzoek van de Universiteit van Californië onder meer dan 2000 vrouwen blijkt dat geheugenproblemen toenemen wanneer de oestrogeenspiegels beginnen te dalen. Bij de meeste vrouwen is die achteruitgang hanteerbaar; ze kunnen gewoon hun werk blijven doen. Maar feit blijft dat je de dingen minder snel in je opneemt, dat nieuwe informatie snel weer wordt vergeten en dat je er moeite mee hebt je te concentreren. Het bijzondere is nu dat uit tests blijkt vrouwen ná de menopauze weer beter gaan presteren op het gebied van concentratie, geheugen en leervermogen dan in die beginjaren van de overgang. Hoe kan dit verklaard worden?

Hoogleraar neuropsychologie André Aleman vermoedt dat die tijdelijk slechtere leervermogens in de overgang wel eens vooral veroorzaakt zouden kunnen worden doordat je in deze fase sowieso minder goed in je vel steekt omdat je last hebt van stemmingswisselingen, opvliegers en vermoeidheid. Dat alles kan je testscores negatief beïnvloeden. Na de menopauze, wanneer de hormoonspiegels weer gestabiliseerd zijn en je je beter voelt, scoor je ook weer beter op geheugentests (maar helaas nooit meer zo goed als toen je nog jong was).

AFNAME VAN HET GROEIHORMOON

Hoewel de oestrogeenspiegel bij vrouwen na de menopauze veel sterker is gedaald (met zo'n 80 procent) dan het testosteronniveau bij mannen (met zo'n 30 tot 40 procent op hun 75ste) is het niet zo dat 70-jarige vrouwen slechter scoren op mentaal gebied dan mannen van dezelfde leeftijd. De afname van de cognitieve vermogens bij mannen en vrouwen gaat bij het ouder worden gelijk op. Blijkbaar zijn oestrogeen en testosteron belangrijk voor het brein, maar niet allesbepalend. Wetenschappers denken dat het groeihormoon (IGF) van nog crucialer belang is. Dat stofje (insulinegelijkende groeifactor) laat de mens groeien van baby tot volwassene, is betrokken bij de ontwikkeling van hersencellen en bij de vernieuwing van haar- en huidcellen, en herstelt beschadigde weefsels. Het heeft een positieve invloed op de werking van onze hersenen: mensen met hoge groeihormoonspiegels halen hogere scores bij tests die het geheugen, de concentratie en de denksnelheid meten. Deze mensen zitten ook psychisch beter in hun vel. Daarom wordt er wel van dit hormoon gezegd dat het de link legt tussen lichaam en geest.

Het groeihormoon wordt vooral aangemaakt in de eerste uren van de slaap en de productie neemt af naarmate we ouder worden. Helaas is er nog niet veel bekend over wat het groeihormoon specifiek voor vrouwen doet. De onderzoeken tot nu toe richtten zich voornamelijk op mannen. Wel blijkt uit een Amsterdams onderzoek dat zowel oudere mannen als oudere vrouwen (tussen de 65 en 88 jaar) met relatief hoge groeihormoonspiegels beter presteren op mentaal gebied dan leeftijdgenoten met lagere spiegels.

EXTRA HORMONEN?

Of de toediening van extra hormonen het geheugen kan verbeteren, daar zijn de wetenschappers nog niet uit. Bij een onderzoek lieten hersenscans zien dat oestrogeensuppletie de prefrontale kwab activeerde, waardoor ook het werkgeheugen beter ging functioneren. Helaas zijn er ook onderzoeken die deze bevindingen tegenspreken. Een verklaring hiervoor zou kunnen zijn dat een hormoon dat het lichaam zelf aanmaakt op een andere manier wordt afgegeven aan het bloed dan een kunstmatig hormoon: gelijkmatiger verspreid over dag en nacht. Het kan ook zijn dat na de menopauze de oestrogeenreceptoren voor een deel zijn verdwenen (volgens het principe *use it or lose it*) en daardoor geen oestrogeen meer kunnen opnemen.

Wetenschappers hebben ook onderzocht of sojaproducten, waarin plantaardige oestrogenen (fyto-oestrogenen) zitten, de mentale vermogens verbeteren. Dat bleek niet het geval.

Wel blijkt uit onderzoek dat een extra dosis testosteron een positieve werking heeft op mentale functies als geheugen, concentratie en ruimtelijk inzicht, in ieder geval bij jonge mensen. Bij vrouwelijke studenten die vlak voor een test een testosteronpilletje kregen toegediend, verbeterde acuut het ruimtelijk inzicht. (In het lab van professor Aleman werden grapjes gemaakt dat je je vrouw of vriendin een testosteronpil moest toedienen vlak voor de vakantie: dan zou ze beter gaan kaartlezen.) Ook bij mannen geldt in het algemeen: hoe meer testosteron, hoe beter het geheugen en intellect. Maar het verhogen van het testosteron lijkt bij oudere mannen weer niets uit te halen.

Tot nu is er nog maar weinig onderzoek gedaan naar het toedienen van extra groeihormoon aan ouderen, omdat er gezondheidsrisico's aan kleven. Bij twee van de drie studies die zijn gedaan, werd geen verbetering van het mentale vermogen gezien.

MULTITASKEN

80 procent van de vrouwen denkt dat ze beter kunnen multitasken dan mannen, maar daar is geen enkel wetenschappelijk bewijs voor. Althans, volgens hoogleraar Niels Taatgen, die er uitgebreid onderzoek naar deed. Zowel mannen als vrouwen kunnen prima verschillende taken combineren – behalve als die een beroep doen op hetzelfde hersengebied. Zo vinden we het lastig om tegelijkertijd te rekenen en te praten, maar hebben we geen enkele moeite om praten en lopen met elkaar te combineren, omdat die functies

aangestuurd worden door verschillende delen van de hersenen.

Ook taken die we op de automatische piloot doen, kunnen we zonder probleem tegelijkertijd uitvoeren. Daarom kunnen we heel goed telefoneren, aardappelen schillen en met een half oog de kinderen in de gaten houden. Maar als we een nieuw recept aan het uitproberen zijn, wordt het al een stuk moeilijker om je aandacht bij dat telefoongesprek én die kleuter te houden.

Veel vrouwen hebben het idee dat hun vermogen om te multitasken in de overgang afneemt. Dat zou betekenen dat dit vermogen in een grafiek een knik zou vertonen rondom de menopauze, maar dat is niet aangetoond. Het multitaskvermogen gaat wel achteruit in de loop der jaren - zoals alles minder wordt - maar in een lineaire lijn, net als bij mannen.

DEMENTIE

Vergeetachtigheid is een veelgehoorde klacht van vrouwen in de overgang. Je komt niet meer op de naam van die collega, je bent titels van boeken en films kwijt *du moment* je ze hebt gelezen of gezien, je kunt tien keer dezelfde vraag aan je dochter over haar studie stellen en onmiddellijk het antwoord weer vergeten. Die vergeetachtigheid kan zulke proporties aannemen dat de angst postvat dat je dement aan het worden bent.

Dementie is een verzamelnaam voor een aantal ziekten (zoals alzheimer) die leiden tot vergeetachtigheid en veranderingen in stemming en gedrag.

Het geheugen gaat inderdaad achteruit naarmate je ouder wordt, maar de meeste vijftigers en zestigers blijken als ze worden getest nog een goed geheugen te hebben, ook als ze zelf de indruk hebben dat ze vergeetachtig aan het worden zijn. Slechts bij een kleine groep gaan geheugen, concentratie en denksnelheid - de mentale vermogens dus - sneller achteruit dan bij hun leeftijdgenoten.

In medische termen heet dit 'milde cognitieve stoornis', in het Engels *mild cognitive impairment* (MCI). Op internet zijn checklijsten met symptomen te vinden aan de hand waarvan je kunt nagaan of je zelf aan MCI lijdt. Enkele van de symptomen zijn: vergeet je belangrijke dingen als afspraken en feestjes? Verlies je regelmatig de rode draad in een gesprek, film of boek? Vind je het moeilijker dan vroeger om te plannen en tot beslissingen te komen? Heb je last van depressieve stemmingen? Ben je sneller angstig, apathisch of geïrriteerd? Als je een aantal van dit soort kenmerken hebt, wil dat trouwens nog niet zeggen dat je ook MCI hebt; die diagnose kan alleen worden gesteld door een deskundige.

MCI kan het voorstadium van alzheimer zijn, maar dat hoeft niet. Alzheimer is een ziekte die een op de drie vrouwen treft, tegen één op de zeven mannen. Dementie door alzheimer is het gevolg van hersenschade: een opeenstapeling van beschadigde eiwitten in het hersenweefsel. Daardoor houden bepaalde delen van de hersenen op met functioneren en sterven af. Onderzoek bij proefdieren wijst erop dat oestrogenen beschermen tegen hersenschade. Ook blijkt uit Amerikaans onderzoek dat jonge vrouwen bij wie de eierstokken zijn verwijderd – en die dus geen oestrogenen meer aanmaken – meer kans hebben om alzheimer te ontwikkelen, net als vrouwen met het syndroom van Down: die komen vrij jong – gemiddeld op hun 44ste – in de overgang.

Het wegvallen van oestrogenen verhoogt blijkbaar het risico op dementie. In de laatste richtlijnen van de International Menopause Society wordt dan ook sterk aanbevolen om jonge overgangsters (die geen contra-indicaties hebben zoals hormoongerelateerde kanker) hormoontherapie voor te schrijven, omdat bij hen het oestrogeen al op jongere leeftijd afneemt. Ook vrouwen die op een normale leeftijd in de overgang komen, hebben hier baat bij om het risico op dementie te verkleinen. Het is wel zaak om er snel – het liefst nog voor de laatste menstruatie – mee te beginnen, wanneer de oestrogeenreceptoren in de vaten en in de hersenen nog intact zijn en de toegediende hormonen nog opgenomen kunnen worden.

Overigens is er ook goed nieuws: uit de meeste recente studies blijkt dat het aantal alzheimergevallen aan het afnemen is. De onderzoekers vermoeden dat dit komt door de verbeterde cardiovasculaire zorg en het feit dat ouderen een meer actieve levensstijl hebben dan vroeger. Ook is de huidige generatie ouderen beter opgeleid dan de generatie van hun ouders – hoe hoger de opleiding, hoe lager het risico, zo was al langer bekend. Volgens hoogleraar neuropsychologie André Aleman is het dan ook niet ondenkbaar dat naarmate het opleidingsniveau van vrouwen stijgt en ze tijdens hun leven intellectueel meer worden uitgedaagd, de kans op alzheimer kleiner voor hen wordt.

HOOFDSTUK 4

Uiterlijke veranderingen: je gewicht, huid en haar

Als je jong bent, voel je je onoverwinnelijk. Dan kun je je niet voorstellen dat de tijd ooit vat op je lichaam krijgt, dat je glanzende, strakke vel barstjes gaat vertonen. En omdat ouder worden een geleidelijk proces is, kun je jezelf ook aardig lang voor de gek houden. Je weet precies hoe je in de spiegel moet kijken, hoe je je moet kleden en opmaken om er op je voordeligst uit te zien. Tot je op een ochtend een etalageruit passeert en denkt: die oudere vrouw, ben ik dat?

Veel vrouwen kijken met verwondering en soms ook met angst naar hun veranderende lichaam. De taille verdwijnt, de billen slinken, de benen worden dunner, de borsten groter, zachter, slapper. Je kleine buikje wordt een buik en je lovehandles poffen als muffins over de tailleband van je spijkerbroek. Om van je huid nog maar te zwijgen: die wordt slapper, rimpeliger, vlekkeriger, doffer. Je haren worden dunner, je nagels brokkelen af en het leesbrilletje voldoet niet langer en wordt vervangen door een duur multifocaal exemplaar.

Die veranderingen van lichaam, huid en haar worden veroorzaakt door afname van oestrogeen.

JE GEWICHT: OORZAKEN VAN GEWICHTSTOENAME

HORMONEN

Wanneer rond de menopauze de aanmaak van oestrogeen stokt omdat er geen eitjes meer zijn die het kunnen produceren, zal je lichaam naar andere wegen zoeken om ten minste 20 procent van het oestrogeen te behouden. Er wordt daarom een andere bron aangeboord: testosteron. Niet alleen mannen, ook vrouwen produceren namelijk testosteron, maar wel in veel mindere mate. Dat gebeurt voor een klein gedeelte in de eierstokken, ook na de menopauze, en in de bijnieren. Via het buikvetweefsel kan testosteron omgezet worden in een zwakkere vorm van oestrogeen, oestron genaamd. Om dit proces in gang te zetten gaat het lichaam zorgen voor meer buikvet. Hierdoor kom je gemiddeld twee kilo aan. Zelfs heel slanke vrouwen ontwikkelen zo rond hun vijftigste vrijwel altijd een buikje. Dat kun je misschien niet mooi vinden, maar dat zorgt dus wel voor het oestrogeen dat je lichaam beschermt, met name je vaten en botten. Een vrouw met een afgetraind lijf en een te laag vetgehalte loopt meer risico op hart- en vaatziekten en op osteoporose.

Lichaamsvet heeft dus goede, maar ook slechte eigenschappen. Het lichaamsvet dat direct onder de huid van de buik ligt kan geen kwaad; dat beschermt de organen die eronder liggen en het zorgt voor oestrogeenaanmaak. Maar het dieper liggende buikvet - het viscerale vet wordt dat genoemd - brengt wel risico's met zich mee. Dit overtollige vet geeft druk op de organen en de grote vaten in de buikholte. Daardoor kun je een hoge bloeddruk krijgen: het hart moet immers meer kracht zetten om het bloed door de vaten te pompen.

Ook het risico op het ontstaan van diabetes type 2 en verhoogde cholesterolwaarden neemt toe. De toegenomen vetcellen produceren ontstekingseiwitten die in de bloedbaan terechtkomen, met als mogelijk gevolg een chronische ontsteking van vaatwanden en organen. Dat werkt aderverkalking en vaatvernauwing in de hand, en kan uiteindelijk tot hart- en vaatziekten leiden.

VERTRAGING VAN JE STOFWISSELING

Behalve door hormonale veranderingen kun je in deze fase ook door andere factoren dikker worden. Met het ouder worden vertraagt je stofwisseling en kun je met minder calorieën toe. Als je hetzelfde blijft eten als vroeger, kom je dus aan. Het is dus zaak om je maaltijden aan te passen: minder koolhydraten en meer groenten en fruit. Kom ook in beweging en kweek spieren, want spieren verbranden meer energie dan vetweefsel. Het advies is om elke dag minstens een halfuur matig intensief (zodat je hartslag omhooggaat en je een beetje gaat hijgen) te bewegen: dan blijf je fit en gemakkelijker op gewicht. Dat hoeft niet een halfuur achtereen, je kunt het bijvoorbeeld verdelen in tweemaal een kwartier. En je hoeft er niet voor naar de sportschool: je kunt ook daarbuiten zo veel mogelijk bewegen. Ook heel gezond - en je verbrandt er bovendien extra calorieën mee - is een stabureau waarachter je je werk staand doet in plaats van zittend. Of neem een hond: hondenbezitters wandelen meer en zijn aantoonbaar gezonder en slanker.

STRESS

Kortdurende stress is niet erg, en is zelfs effectief. Aanhoudende stress is echter slecht voor je geest, je lijf én je gewicht. Bij acute dreiging wordt door de bijnieren het hormoon adrenaline afgegeven. Door zo'n adrenalinestoot kunnen we vechten of vluchten. Maar wanneer een stressvolle situatie voortduurt, blijft je adrenalinespiegel hoog. Tegelijk met die adrenalinestoot wordt door de bijnieren het hormoon cortisol afgegeven. Cortisol zorgt ervoor dat er extra energie (glucose) wordt aangemaakt om de vecht-ofvluchtreactie te kunnen realiseren. Langdurige aanmaak van dit stresshormoon is evenwel funest: je bloedsuikerspiegel gaat schommelen en je honger- en verzadigingsgevoel raakt verstoord. Voortdurende afgifte van extra cortisol zorgt voor vetopslag op de buik, omdat het hormoon de eetlust verhoogt en het extra voedsel dat je eet, omzet in vetten. Het is dan ook erg moeilijk om af te vallen als er te veel cortisol in je lichaam circuleert.

Wanneer je niet goed in je vel zit en gestrest bent, gaat je lichaam om 'troosteten' vragen waarin snelle koolhydraten zitten - suikers dus. Behalve dat suiker je een snelle energieboost geeft, triggert suiker ook de afgifte van serotonine, het gelukshormoon. Die snelle energie en dat goede gevoel duren echter maar kort. Snelle koolhydraten - ze zitten in snoep, alcohol, witte rijst, aardappelen, witte pasta, witbrood en bloem - jagen je bloedsuikerspiegel razendsnel omhoog. Zodra je bloedsuikerspiegel stijgt, krijgt je alvleesklier een seintje om het hormoon insuline aan te maken. Insuline is namelijk nodig om suiker (glucose) naar je cellen, te brengen, waar ze worden omgezet in energie. Dit kunnen spiercellen zijn, maar ook cellen in je hersenen, zodat je helder kunt denken.

Het nadeel van te veel en te vaak insuline in je bloed is dat je lichaamscellen in de war raken en niet meer goed reageren op het insulineaanbod. Hierdoor gaat je lichaam nóg meer insuline aanmaken.

Een voortdurend hoge insulineproductie verstoort de stofwisseling. Zolang er insuline in je bloed circuleert, hoeft je lichaam voor zijn energieverbruik geen vet te verbranden; er is immers genoeg energie te halen uit de glucose in je bloed. Is er een overschot aan glucose, dan wordt dit opgeslagen in je vetcellen. Met als gevolg dat je dikker wordt, meestal om de taille en in de bekende lovehandles. Ook als je minder gaat eten en je insulinegehalte weer daalt, blijkt het moeilijk om dit vet te verbranden.

SLECHT SLAPEN

Ook wanneer je slecht en te weinig slaapt - wat nogal eens voorkomt in de overgang -, loop je kans dikker te worden. Het slaaptekort zorgt namelijk voor een disbalans tussen de hormonen ghreline en leptine. Beide spelen een belangrijke rol in je stofwisseling. Door slaaptekort daalt het niveau van het stofje leptine, dat een verzadigd gevoel geeft en je waarschuwt wanneer je genoeg hebt gegeten. Tegelijkertijd stijgt het 'hongerhormoon' ghreline, dat de eetlust bevordert. Hoe hoger het ghrelinepeil, hoe groter de zin om te schransen.

TE TRAAG WERKENDE SCHILDKLIER

Schildklierklachten komen na het 50ste levensjaar steeds vaker voor. Als je onvoldoende schildklierhormoon aanmaakt, zal je stofwisseling vertragen en daardoor word je dikker. Wanneer je matig en gezond eet, voldoende beweegt en desondanks aankomt, vraag dan de huisarts of je schildklierhormoonwaarde getest kan worden.

JE HUID: LIJNTJES, VLEKJES EN RIMPELS

Vanaf je 35ste, 40ste levensjaar heb je de eerste lijntjes en rimpeltjes zien verschijnen. Zo rond je 50ste lijkt het verouderingsproces opeens vaart te maken. Wie regelmatig kritisch in de spiegel kijkt, kan er niet meer omheen dat haar huid in deze fase slapper en valer wordt, en meer lijnen, vlekjes en rimpels begint te vertonen.

Sommige vrouwen aanvaarden dit berustend; het is gewoon niet anders. Ze smeren een extra lik Nivea op hun wangen, en dat is het dan. Een veel grotere groep vrouwen zet toch alle middelen in om zo strak en glad mogelijk te blijven. Daarvan getuigen de miljarden euro's die omgezet worden in de cosmetische industrie en die grif worden uitgegeven aan antirimpelcrèmes. Steeds meer vrouwen - en mannen - weten ook de weg te vinden naar de kliniek voor botox en fillers, een laserbehandeling of een facelift. Zelfs in Nederland, waar men, zeker in vergelijking met de VS, toch over het algemeen vrij behoudend is, is het geen taboe meer om een fronsrimpel te laten wegspuiten of je oogleden te laten liften.

Natuurlijk weten we best dat deze strijd uiteindelijk niet te winnen is. Bij de een gaat het proces wat sneller dan bij de ander, maar niemand ontkomt er uiteindelijk aan.

De oorzaak van het verval? Dat is een vrij ingewikkelde combinatie van factoren. Ten eerste heb je het natuurlijke verouderingsproces waarbij gaandeweg de celdeling minder rap gaat en die steeds vaker haperingen vertoont. Hoe snel je huid veroudert ligt in de genen opgeslagen. In de ene familie wordt men zichtbaar sneller oud dan in andere families. Kwestie van mazzel hebben, of pech. Daarnaast is levensstijl van een niet te onderschatten belang: hoe meer zonschade je in de loop der jaren hebt opgebouwd, hoe meer rimpels en pigmentvlekjes je huid zal vertonen. Roken doet de zaak geen goed: wie rookt krijgt uiteindelijk een verdikte huid met diepe rimpels en flinke groeven om de mond. Ook langdurige stress en slaaptekort laten hun fysieke sporen na.

Last but not least: de drastische afname van oestrogeen tijdens de overgangsjaren en na de menopauze. En als de oestrogeenspiegel daalt, neemt ook de hoeveelheid collageen en elastine af.

COLLAGEEN EN ELASTINE

Een huid blijft strak en elastisch door twee eiwitten: collageen en elastine. Collageen is een lijmvormend eiwit, dat een belangrijk onderdeel (70 procent) vormt van het bindweefsel in je huid. Ook botten, kraakbeen, pezen en tanden bestaan voor een groot deel uit collageen. Collageen ligt als een losmazig netwerk onder je huid en zorgt voor volume en stevigheid.

Daarnaast bevat het bindweefsel elastine, een elastisch eiwit. Elastine zorgt ervoor dat het weefsel weer terugveert naar zijn gewone vorm en grootte wanneer het uitgerekt of ingedrukt is geweest. Elastine is niet alleen belangrijk voor de veerkracht van je huid, maar ook voor die van je vaten en slagaders, je blaas en longen.

Bij kinderen en jonge mensen wordt er genoeg collageen en elastine aangemaakt om de boel stevig, veerkrachtig en soepel te houden, maar vanaf het 25ste, 30ste levensjaar begint de hoeveelheid collageen en elastine al een beetje af te nemen. Hierdoor ontstaan dus onder andere de eerste lijntjes en rimpeltjes, en begint de huid te verslappen. Ook invloeden van buitenaf, zoals roken en zonnen, krijgen meer vat op de huid als de hoeveelheid elastine en collageen vermindert.

Wetenschappelijk onderzoek wijst uit dat in de eerste vijf jaar na de menopauze het collageen in de huid met maar liefst 30 procent afneemt. In de vijftien jaar erna verliest de huid ongeveer 2 procent aan collageen per jaar. Ook neemt naarmate je ouder wordt de hoeveelheid onderhuids vet af, en de skeletstructuur krimpt. Vandaar dat oudere vrouwen vaak klagen over hun 'magere kop' en ingevallen wangen. Daarnaast wordt de huid dunner en kwetsbaarder, waardoor je eerder blauwe plekken oploopt als je je stoot. Bovendien wordt-ie droger, omdat de talgklieren minder vet produceren.

WAT VALT ERAAN TE DOEN?

HORMOONTHERAPIE

Hoewel er in Nederland nauwelijks artsen te vinden zijn die een vrouw hormoontherapie (HRT) voorschrijven uitsluitend ter bescherming van de conditie van haar huid, blijkt uit onderzoek dat door het extra oestrogeen in HRT het collageen en de doorbloeding van de huid beter op peil blijven en dat de huid minder dun en droog wordt. Kortom, vrouwen die HRT gebruiken ter bestrijding van hun overgangsklachten, hebben als bijkomend voordeel dat hun huid beter geconserveerd blijft en minder snel veroudert.

Een hormoonpil uitsluitend om er jonger uit te blijven zien, gaat de meeste Nederlandse vrouwen en artsen te ver, maar in de ons omringende landen is men heel wat minder scrupuleus. In België en Frankrijk krijgen vrouwen vrijwel standaard vanaf hun 45ste hormoontherapie aangeboden, ook al hebben ze geen overgangsklachten.

FYTO-OESTROGENEN

Van sommige plantenextracten (soja, sleutelbloem, hop, zilverkaarskruid en wilde yam, om er maar een paar te noemen) wordt beweerd dat ze (huid)veroudering tegengaan omdat ze fyto-oestrogenen bevatten - plantaardige oestrogenen dus. Hiervoor is echter geen wetenschappelijk bewijs. Crèmes met dergelijke plantenextracten beloven veel, maar doen mogelijk niks voor je huid.

HUIDVERZORGING

Jetske Ultee is onderzoeksarts in de cosmetische dermatologie. Op haar website veegt ze de vloer aan met de meeste claims, mythes, beloften en loze praatjes van de cosmetica-industrie, neemt ze ingrediënten onder de loep, behandelt ze diverse huid- en haarproblemen, en geeft ze adviezen. Ook op de site van Paula Begoun, Amerika's belangrijkste critica en recensente op het gebied van huidverzorging en cosmetica, vind je talloze kanttekeningen en do's and don'ts waar het huidverzorging betreft.

Hieronder vind je de belangrijkste bevindingen van beide huidexperts.

• ZONNEBRANDCRÈME

Het belangrijkste wat je naast hormoontherapie kunt doen om je huid zo lang mogelijk strak en glad te houden, is hem beschermen tegen UVA- en UVB-stralen. De beste antirimpelcrème is een dagcrème met minstens factor 15, en het liefst 20 of 30, of je zonnebrandcrème (maar die smeert soms wat minder lekker).

Helaas zijn de meeste vrouwen die nu in de overgang zijn, nog van de generatie die er in hun jeugd alles aan deden om zo bruin mogelijk te worden. In de jaren tachtig en negentig was een diepbruine huid een ultrasexy statussymbool. Zonder enige bescherming en het liefst flink met olie ingevet lagen ze uren in de zon te bakken. Zo hebben ze vaak ongemerkt behoorlijk wat zonschade opgelopen. Dat betaalt zich na je 50ste uit in rimpels, pigmentvlekken en een verdikte huid. Denk aan de oudere Brigitte Bardot: zij heeft de typische huid van een fervent zonaanbidster. Zoek maar eens een foto van haar op internet en vergelijk haar met Audrey Hepburn - die de zon zo veel mogelijk vermeed - op latere leeftijd. Je ziet de verschillen in de manier van verouderen: Audrey heeft een dunnere huid en fijnere lijntjes, terwijl Brigitte er tanig uitziet, met flinke groeven.

Dat je misschien vroeger flink hebt liggen bakken in de zon, daar valt nu weinig meer aan te doen. Probeer de schade verder te beperken door voortaan zo veel mogelijk uit de zon te blijven en je altijd in te smeren met een dagcrème of zonnebrandspul met minstens factor 20 (beschermt tegen 94 procent van de zonnestralen) en het liefst factor 30 (bescherming van 97 procent. Factor 50 zou je voor 100 procent beschermen, maar volgens wetenschappers is dat onmogelijk). Zelfs in de winter en ook als het bewolkt is, want dan is er eveneens sprake van UV-straling. Smeer je ook in met een beschermingsfactor als je bureau dicht bij het raam staat, want glas is evenmin UVA-stralingbestendig (en juist de UVA zorgt voor veroudering).

Stop ook met roken als je huidschade wilt beperken. Roken zorgt voor vernauwde bloedvaten. Daardoor raakt je huid minder goed doorbloed.

• VERZORGINGSCRÈME

Helaas doen de meeste verzorgingscrèmes en antirimpelserums, ondanks alle mooie beloften, geen wonderen voor je huid. Volgens dermatologen kan een crème die je gewoon bij de parfumerie of drogist kunt kopen, niet heel veel meer doen dan het bovenste huidlaagje hydrateren waardoor je huid soepeler en glanzender oogt. Gebruik in ieder geval een product dat bij je huid past: die kan in deze jaren dunner en/of droger zijn geworden, of juist vetter. Veel vrouwen ontwikkelen na hun 45ste de huidziekte rosacea (te herkennen aan een rode huid met kleine uitgezette bloedvaatjes en bultjes). Al deze huidtypes hebben een specifieke aanpak nodig. Het is dus onzin een product te kopen waarop staat dat het geschikt is voor de 'rijpere' of 'menopauzale' huid. Dat is geen specifiek huidtype.

Koop geen dag- of nachtcrème in een plastic of glazen pot. Zuurstof en (zon)licht kunnen de kwaliteit van de ingrediënten nadelig beïnvloeden. En in zo'n potje waar je met je (niet altijd brandschone) vingers de crème uit haalt en waar zuurstof bij kan, ontwikkelen zich al snel bacteriën, ondanks alle conserveringsmiddelen. Gebruik dus liever producten die in een tube zitten, of in een flacon met pompsysteem.

• VITAMINE A-CRÈME

Wat zich inmiddels wél heeft bewezen als antirimpelcrème, is vitamine A-zuur. De afgezwakte vorm ervan heet retinol, maar dat werkt minder goed. Vitamine A-zuur (tretinoïde) versnelt de celdeling in de bovenste huidlaag waardoor oude huidcellen plaatsmaken voor nieuwe. Daardoor wordt de huid gladder, gezonder en egaler. Diepe rimpels krijg je er niet mee weg, fijne lijntjes vervagen wel.

Het middel is geregistreerd als geneesmiddel en alleen verkrijgbaar op recept, omdat het behoorlijk heftig spul is. Als je het verkeerd gebruikt, kan het een chronische huidirritatie veroorzaken, waardoor bindweefsel wordt afgebroken en cellen beschadigd raken. In dat geval werkt het juist huidveroudering in de hand. Hou je daarom strikt aan de voorschriften van je huisarts of dermatoloog. In het begin kan je huid behoorlijk geïrriteerd raken, met roodheid, schilfers en een branderig gevoel, maar dat gaat doorgaans na een paar weken over. Bouw het langzaam op: in het begin smeer je maar twee tot drie keer per week. Hou er rekening mee dat wanneer de dode huidcellen verdwijnen er ook een extra beschermingslaagje verdwijnt. Je huid is dan extra kwetsbaar en gevoelig voor zon. Het optimale resultaat is te zien na acht tot twaalf maanden.

COSMETISCHE INGREPEN

Als je je erg stoort aan pigmentvlekken, gesprongen adertjes, lijnen en rimpels, kun je naar een dermatoloog of esthetische kliniek om je te laten voorlichten over wat daaraan te doen valt. Er bestaan medische crèmes en peelings die pigmentvlekken en lijntjes doen vervagen. Ook met laserbehandelingen worden goede resultaten geboekt. Met botox spuit je fronzen en kraaienpootjes weg, met fillers kun je onder andere lijnen langs je neus en mond laten opvullen. Is je huid erg verslapt, dan kun je een ooglidcorrectie of misschien zelfs een facelift overwegen.

Ga voor al dit soort ingrepen nooit naar de eerste de beste kliniek om de hoek, of naar die tent die zo'n mooie aanbieding heeft, maar doe altijd eerst grondig je huiswerk. Informeer in je omgeving en lees op internet recensies van ervaringsdeskundigen. Maak een lijst met vragen en stel ze allemaal tijdens het intakegesprek. Laat je niet afschepen. Bij twijfel: wegwezen. Een goede vuistregel is: ga liever naar een grote dan een kleine kliniek. In een wat grotere kliniek hebben ze vaak de beschikking over de meest geavanceerde apparatuur, werken verschillende specialisten en worden de huidtherapeuten gesuperviseerd door dermatologen en plastisch chirurgen.

Charlotte (57)
Ik ben ijdel, en ik vind het absoluut niet leuk dat ik een oude kop krijg. Maar ik ben ook weer niet zo ijdel dat ik me ooit aan botox of fillers zou wagen. *Growing old gracefully* is mijn devies. Alleen van mijn oogleden had ik echt last. Ze zakten steeds meer voor mijn ogen. Ik kreeg een vermoeide, gepijnigde blik, alsof ik veelvuldig werd geplaagd door hoofdpijn. In de vouwen en plooien ging het smetten en ontsteken. Daardoor had ik veel last van tranende ogen. Mijn make-up liep altijd uit en als ik een stukje moest fiet-

sen kon ik me maar beter helemaal niet opmaken. En dat terwijl ik al vanaf mijn dertiende elke dag mascara en eyeliner gebruik; ik moest er niet aan denken om met blote ogen de straat op te gaan. Vandaar dat ik altijd met een zonnebril fietste, maar dat is in de winter ook weer zo wat.

Ik ging aan een ooglidoperatie denken. Een paar vriendinnen waren me al voorgegaan en konden me vertellen wie een goede chirurg was. Toen ik bij haar kwam, stelde ze me meteen gerust: nee, het was geen aanstellerij, het was medisch zelfs zeer verantwoord. Desondanks moest ik de operatie zelf betalen van de zorgverzekeraar – je krijgt pas een medische indicatie als driekwart van je oog wordt afgedekt door het ooglid. Zo erg was het nou ook weer niet. De ingreep vond ik van tevoren doodeng, maar het was eigenlijk zo gepiept. Daarna heb ik me een weekje thuis verschanst; ik zag bont en blauw de eerste dagen. Het is nu een jaar geleden en ik ben elke dag dolblij met het resultaat. Mijn oogopslag is weer helder, ik zie er veel frisser uit. En ik heb geen last meer van tranende ogen.

ETEN EN DRINKEN

• ANTIOXIDANTEN EN VRIJE RADICALEN

Voor een zo gezond mogelijke huid is het raadzaam om veel (seizoens)groenten en fruit te eten voor vitamines, vezels en antioxidanten.

Antioxidanten zijn stoffen als vitamine E en C, bètacaroteen, spoorelementen als seleen en zink, en bioactieve stoffen die in groente en fruit voorkomen. Ze vangen vrije radicalen weg; dat zijn agressieve stoffen die in je lichaam ontstaan door roken, uitlaatgassen, smog, bestrijdingsmiddelen en chemische schoonmaakmiddelen, en bij overmatige blootstelling aan zonnestralen. Ook bij het omzetten van onze voeding in energie is er sprake van een oxidatieproces en worden er vrije radicalen gevormd.

Die vrije radicalen kunnen cellen en weefsel beschadigen; dat wordt 'oxidatieve stress' genoemd. Oxidatieve stress ontstaat wanneer er te veel vrije radicalen aanwezig zijn of wanneer deze stoffen zich op ongewenste plekken in het lichaam bevinden. Er zijn aanwijzingen dat oxidatieve stress na lange tijd hart- en vaatziekten, kanker en schade aan het zenuwstelsel tot gevolg kan hebben. Ook lijken ze een rol te spelen bij verouderingsprocessen.

Antioxidanten in onze voeding spelen dus een rol bij de bestrijding van vrije radicalen. Zo elimineren bijvoorbeeld antioxidanten in wortels en tomatenpuree een deel van de oxidatieve stress die veroorzaakt wordt door de zon.

Het is niet wetenschappelijk bewezen dat supplementen met antioxidanten of de zogenoemde superfoods een extra gezondheidseffect hebben. Gojibessen of pijnboompitten zijn niet aantoonbaar gezonder dan andere soorten fruit. En over supplementen met heel hoge concentraties antioxidanten zijn de meningen verdeeld. Verschillende onderzoeken laten zien dat ze een averechts effect kunnen hebben en de kans op kanker verhogen. Bij chemotherapie en bestraling worden hoge doses antioxidanten in ieder geval ontraden.

• VETTE VIS

Vette vis is goed voor je botten, je huid, je nagels en haren. En, nog belangrijker: mensen die regelmatig vette vis eten, hebben 20 tot 30 procent minder kans op sterfte door hart- en vaatziekten. Ook vermindert het de kans op dementie. Eet daarom minstens één keer per week vette vis als makreel, haring en zalm en neem op de andere dagen een omega 3-voedingssupplement. De omega 3-vetten die daarin zitten zorgen onder andere voor afname van cholesterol. Hou je niet van vis, neem dan dagelijks een omega 3-voedingssupplement.

Ook andere voedingsmiddelen die barsten van de onverzadigde vetzuren, zoals olijfolie, avocado's en noten, zijn gezond en goed voor je huid. Ze bevatten echter wel veel calorieën, dus eet ze met mate.

• SUIKER

Van suiker is bewezen dat het je collageen 'opvreet' en in je vaten blijft 'plakken'. In extreme mate gebeurt dat bij mensen met suikerziekte, bij wie de vaten daardoor eerder beschadigd raken. Beperk dus de inname van snelle koolhydraten (witte rijst en pasta, aardappelen) en producten waar veel suiker in zit, zoals koekjes, snoep, taart en cake.

• ALCOHOL
Van alcohol krijgt je opvliegers, het is slecht voor je lever, je nachtrust en je huid - alcohol werkt dehydraterend. Probeer dus je drankinname te beperken tot hooguit één glas per dag (de aanbevolen maximumhoeveelheid voor vrouwen).

JE HAAR: DUNNER EN BROZER

Rood, blond, zwart, bruin, krullend, steil, dik of dun: de kleur, vorm en structuur van je haren zijn genetisch bepaald. Ook de leeftijd waarop je grijs wordt, is vastgelegd in je genen: bij de ene vrouw begint dat proces al voor haar 30ste, terwijl bij de andere op haar 70ste nog nauwelijks een grijze haar te ontdekken valt. De gemiddelde leeftijd waarop men zijn eerste grijze haar uittrekt, is 35 jaar. Je haar wordt grijs doordat het langzaam zijn pigment verliest - een pigmentloze haar is helemaal wit. Grijze haren zijn doorgaans stugger, springeriger en droger dan haar waar nog wel pigment in zit.

Oestrogenen hebben niet alleen een positieve invloed op je huid, maar ook op je haren. Naarmate je verder in de overgang raakt, en zeker na de menopauze, zul je merken dat je haar dunner en brozer wordt omdat er minder talg wordt afgescheiden, de hoofdhuid minder is doorbloed en daardoor de haarwortels minder worden gevoed. Ook oksel- en schaamhaar wordt na de menopauze minder dik. Daarentegen kan de beharing op het lichaam en in het gezicht toenemen: niet zelden ontwikkelen vrouwen op hogere leeftijd een snor of krijgen ze haren rond hun tepels.

In welke mate dat alles gebeurt, is niet alleen een kwestie van hormonen. Ook dit is genetisch bepaald. Sommige vrouwen hebben geluk en houden tot op hoge leeftijd een geweldige kop met haar.

Jacqueline (68)
Vroeger had ik dik, golvend, kastanjebruin haar. Mijn man was gek op mijn haren. Voor hem droeg ik het tot mijn 55ste lang en los. Helaas is het de laatste jaren bar en boos met mijn haar gesteld. Dat het nu bijna wit is vind ik niet eens zo erg. Wel dat het zo dun en droog is geworden. In de zomer

moet ik een pet of hoed dragen, anders verbrandt mijn hoofdhuid. Terwijl ik het háát om iets op mijn kop te hebben. Ook ben ik elke ochtend eindeloos bezig om het strategisch zo te kammen en te stylen dat het nog wat lijkt. Dat is misschien wat ik nog wel het meest vervelend vind aan ouder worden: dat ik mijn mooie haar kwijt ben. Dat bepaalde toch voor een groot deel mijn schoonheid en misschien ook wel mijn identiteit.

HAARUITVAL

Haaruitval is het meest voorkomende haarprobleem waarmee mensen van alle leeftijden bij een huidarts komen. De oorzaak kan heel verschillend zijn: een chronische ontsteking of langdurige maag-darminfectie, een aanhoudende bronchitis, een eenzijdig dieet, een tekort aan ijzer, schildklierstoornissen, zwangerschap, stoppen met de anticonceptiepil, de morning-afterpil, maar ook de overgang. Al deze boosdoeners kunnen een verstoring van de hormoonbalans veroorzaken. Hormonen hebben invloed op de conditie van je haarfollikels (haarzakjes), waaruit de haren groeien. Zo'n zes maanden nadat je ziek bent geweest, bent bevallen of met de pil bent gestopt en ook als je al enige tijd in de overgang bent, kun je opeens geconfronteerd wordt met overmatig veel haren - normaal verliest een mens gemiddeld zeventig haren per dag - in je kam of borstel, op je kleren en kussen, in de wasbak en het doucheputje. Een streng dieet waarbij je in korte tijd meer dan 10 procent van je lichaamsgewicht kwijtraakt, kan een halfjaar later eveneens resulteren in extreme haaruitval.

Meestal stopt die overmatige haaruitval vanzelf wanneer de hormoonhuishouding weer in balans is. Je hoeft je pas zorgen te gaan maken als je binnen een halfjaar 40 tot 50 procent van je normale haardos kwijtraakt. We hebben het dan zowel over de structuur van de haar (die wordt soms wel de helft dunner) als over de hoeveelheid haren per vierkante centimeter op je hoofdhuid.

ALOPECIA ANDROGENETICA

Van alle mannen wordt uiteindelijk 60 tot 70 procent min of meer kaal. De haargrens trekt zich in de loop der jaren steeds meer terug. De kaalheid manifesteert zich steeds meer boven op het hoofd, terwijl aan de achterzijde vaak nog een rand met haren overblijft. Deze vorm heet *alopecia androgenetica*, ofwel kaalheid volgens het mannelijk patroon. Erfelijkheid speelt daarbij een grote rol. Blanke mannen hebben trouwens meer last van kaalheid dan donkere of Aziatische mannen.

Ook vrouwen kunnen rond de overgang last krijgen van alopecia androgenetica. In tegenstelling tot mannen worden ze vrijwel nooit helemaal kaal, maar de resterende haren hebben een dunnere structuur, zijn minder stevig en breken daardoor eerder af. Het haar boven op hun hoofd wordt zo dun dat hun hoofdhuid erdoorheen schemert.

Deze vorm van haaruitval wordt in gang gezet door het mannelijk hormoon dihydro-testosteron (DHT), dat de haarzakjes doet verschrompelen. Dit proces gaat geleidelijk en kan jaren duren. Of je wel of niet gevoelig bent voor DHT is soms familiair bepaald.

Voor de meeste mannen is kaal worden al behoorlijk frustrerend, maar voor vrouwen is het helemaal vreselijk. Veel vrouwen worden er onzeker van en gaan situaties vermijden waarbij ze in de schijnwerpers kunnen komen te staan. Gewone middeltjes van de drogist beloven wonderen, maar de meeste halen helemaal niks uit. Sommige medicijnen, zoals minoxidil, kunnen het proces enigszins vertragen.

WAT VALT ERAAN TE DOEN?

Wanneer overmatige haaruitval langer dan zes maanden duurt, is het raadzaam om je te laten screenen door de huisarts of dermatoloog. Die zal in eerste instantie je bloed laten onderzoeken op ijzergehalte, schildklierfunctie en hormoonwaarden. Misschien heb je een tekort aan ijzer (ijzer is een belangrijk molecuul voor de haargroei) en is het probleem eenvoudig op te lossen met een ijzerpreparaat. Er zijn ook medicijnen die de haarwortel een oppepper geven. Soms valt er weinig aan te doen en moet je gewoon accepteren dat je niet meer bent gezegend met een volle haardos. Wacht hoe dan ook niet te lang met een bezoek aan een arts; haarwortels die langer dan drie jaar niet actief zijn geweest, maken vrijwel nooit meer een doorstart.

HORMOONTHERAPIE

Bij vrouwen die hormoontherapie (HRT) gebruiken ter bestrijding van overgangsklachten, zal het haar in betere conditie blijven, omdat hun oestrogeenspiegel op peil blijft. Overleg met je arts of je HRT kunt gebruiken in het geval je haar enorm te lijden heeft tijdens de overgang. Een gematigd hormoonpreparaat kan je haar net die boost geven die het nodig heeft.

Desalniettemin blijft het lastig om de juiste balans te vinden in je hormoonhuishouding: te veel oestrogeen kan juist weer haaruitval veroorzaken omdat de haarwortels daar slecht tegen kunnen. Ook een teveel aan testosteron kan de oorzaak zijn van haaruitval. (Kalende mannen hebben doorgaans meer testosteron dan mannen met flink veel haar.)

Vrouwen met aanzienlijk overgewicht maken in hun vetweefsel meer dan gemiddelde hoeveelheden testosteron aan. Daardoor kunnen ze sneller 'vermannelijken', ook als ze nog jong zijn. Ze krijgen op hun lichaam en in het gezicht meer beharing, terwijl ze op hun hoofd kaler worden. Bij hen zal altijd gekeken worden naar hun BMI. Vaak luidt het advies: afvallen tot je op een gezond gewicht zit.

Sommige patiënten komen met klachten over haaruitval bij de dokter, maar bij nadere screening blijkt er sprake te zijn van een onderliggende ziekte. Bij een flinke hormonale disbalans (bij het dubbele of drievoudige van de normale waarden) zal de dermatoloog je daarom altijd doorsturen naar een internist, endocrinoloog of gynaecoloog. Een teveel aan testosteron of DHEAS - dat is ook een soort mannelijk hormoon - kan namelijk veroorzaakt worden door een vergrote bijnier. Of misschien is er sprake van een goedaardige tumor die te veel hormonen produceert. Ook eierstoktumoren kunnen te veel hormonen produceren.

HAARTRANSPLANTATIE

Lijd je enorm onder je kalende hoofd, dan zou je een haartransplantatie kunnen overwegen. Daarbij worden haren met haarzakje en al van het achterhoofd - deze follikels zijn niet gevoelig voor DHT - weggehaald en boven op de schedel aangebracht. Het resultaat is doorgaans behoorlijk goed, maar reken er niet op dat je weer net zoveel haar krijgt als in je jonge jaren. Het is ook een kostbare operatie (tussen de 4000 en 12 000 euro, afhankelijk van de hoeveelheid te transporteren haarzakjes), die niet wordt vergoed door je ziektekostenverzekeraar.

Tineke (57)
Twaalf jaar geleden zag ik op een foto dat mijn haar boven op mijn hoofd er heel dun uitzag. Pas toen viel het me op dat ik veel minder haar had dan vroeger. Omdat ik altijd een kort blond kapsel had was het mij totaal ontgaan dat ik in de loop van de tijd veel haren had verloren. Kort en blond valt immers niet op in het doucheputje.

De dermatoloog deed een bloedonderzoek, maar kon geen oorzaak vinden. Daarmee was voor hem de kous af. Maar voor mij werd het een obsessie. Ik gaf veel geld uit aan allerlei haarproducten die gouden bergen beloofden. Helaas werd het alleen maar erger. In het zonlicht keek je dwars door mijn haar heen. Als het regende voelde ik de druppels op mijn hoofdhuid spatten. Ik vermeed in winkels spotjes die direct op je hoofd schijnen. Ik verzon allerlei smoezen om maar niet in het verkeerde licht te hoeven staan of zitten. Ik moet voor mijn werk vaak lezingen houden en het eerste wat ik deed als ik de zaal binnenkwam was kijken hoe het met het licht stond. Als er direct licht op mij scheen, vroeg ik om een andere plek, zogenaamd om beter contact met de mensen in de zaal te hebben.

De volgende dermatoloog die ik consulteerde nam mijn probleem wél serieus. Na onderzoek bleek dat ik een vorm van mannelijke kaalheid ontwikkelde. Mijn haarzakjes bleken gevoelig voor testosteron. En testosteron breekt het haar af in de haarzakjes – ook bij vrouwen. Omdat ik inmiddels in de overgang was en mijn oestrogeenspiegel aan het dalen, kreeg het testosteron meer grip op mijn haarzakjes. De arts schreef me een medicijn voor dat het effect van testosteron in de haarzakjes moest remmen. Dat hielp, want er ontwikkelden zich weer meer haren per haarzakje. Helaas waren ook veel haarzakjes te gronde gegaan. De dermatoloog vertelde me dat mijn haardichtheid nooit meer zou worden wat die was geweest.

Ik bleef me schamen voor mijn dunne haar. Het maakte me onzeker. Uiteindelijk vond ik een geweldige dermatoloog die gespecialiseerd is in haartransplantatie. Zij vertelde dat ik voldoende haar op mijn achterhoofd had dat niet gevoelig was voor testosteron. Dat haar werd getransplanteerd naar de dunnere plekken boven op mijn hoofd. Ruim 700 haarfollikels werden verplaatst. Nee, pijnlijk was het niet, maar het kostte wel een vermogen. Een halfjaar na de transplantatie begon het haar te groeien. Nu heb ik weer gewoon haar. Medicijnen hoef ik niet meer te slikken. Ik ben verschrikkelijk blij met het resultaat. Ik hoef nooit meer bang te zijn voor verkeerde lichtinval. En ik voel de wind weer door mijn haar in plaats van direct op mijn hoofdhuid.

HOOFDSTUK 5

Seksualiteit

Seks en de overgang: daarover doen heel wat verhalen de ronde. Zo zouden alle vrouwen na hun 50ste last krijgen van een droge vagina, pijn hebben bij het vrijen, en de lust tot seks zou hun sowieso geheel zijn vergaan.

Toch vertellen officiële onderzoeken iets anders: daaruit blijkt dat 75 procent van de ondervraagde vrouwen geen seksuele klachten heeft tijdens en na de overgang. Een aantekening bij dat percentage: relatief veel 50-plusvrouwen hebben hoogstwaarschijnlijk niet meer een (heel) actief seksleven. Want uit onderzoek blijkt: hoe langer een relatie duurt, hoe minder er wordt gevreeën. 50-plussers hebben natuurlijk relatief vaak een relatie die al twintig, dertig jaar duurt. Wie geen seks heeft, zal weinig seksuele problemen ervaren (tenzij het niet-hebben van seks het probleem is. Maar dat is weer een ander verhaal.)

Er zijn ook vijftigers wier seksleven een boost krijgt in deze fase van hun leven. De kinderen zijn de deur uit, er is dus geen kans meer dat ze worden gehoord, gestoord of betrapt. Partners krijgen na jaren vol drukte opeens weer oog voor elkaar en hebben zin en tijd om samen op stap te gaan. En omdat ze weer in gesprek raken en gezellige dingen ondernemen, vlamt de misschien wat verloren geraakte intimiteit tussen hen opnieuw op. Bovendien hoeven vrouwen niet langer bang te zijn om zwanger te raken, en weten ze zo langzamerhand heel goed wat ze wel en niet leuk vinden in bed. Dat alles kan een opbloeiend seksleven tot gevolg hebben.

VERMINDERD OESTROGEEN: DIRECTE EN INDIRECTE GEVOLGEN

Bij ongeveer 25 procent van de 50-plusvrouwen lijdt hun seksleven wél onder de overgang. Hun klachten kunnen het directe, maar ook indirecte gevolg zijn van een verminderde oestrogeenaanmaak. Door opvliegers kun je uit het lood raken en nachtelijke zweetaanvallen zijn een aanslag op je nachtrust. Overdag ben je vermoeider, en dat heeft weer zijn weerslag op je humeur. Hormoonschommelingen kunnen je een kort lontje bezorgen, en stemmingswisselingen. Je kunt prikkelbaar zijn, je somber of zelfs depressief voelen. Dat alles wekt niet bepaald de lust tot vrijen op. Als je overdag ruzie hebt gemaakt met je man en hij 's avonds hoopvol tegen je aan kruipt (terwijl jij het al zo warm hebt), is de kans klein dat je opgewonden raakt.

Het merkwaardige is dat veel vrouwen seksualiteit zien als een op zichzelf staand gegeven, onafhankelijk van andere factoren. Ze leggen niet altijd het verband tussen het een en het ander. Ze voelen zich chagrijnig en somber, maar vragen zich toch af waarom ze almaar geen zin hebben in seks. Ze realiseren zich onvoldoende dat hun lichamelijke en psychische conditie elkaar over en weer beïnvloeden.

Daarnaast kun je je door overgangsklachten oud voelen en niet meer aantrekkelijk. Dat werkt een vrolijk seksleven niet bepaald in de hand.

SEKSUELE KLACHTEN

DROGERE VAGINA

In de overgang kan je vagina droger worden. Misschien neemt de intensiteit van je orgasmes af. Wellicht raak je minder snel opgewonden of doet het je nog maar weinig wanneer een aantrekkelijke man met je flirt. Sommige vrouwen krijgen pijnklachten. Al deze veranderingen kunnen invloed hebben op je seksualiteit.

Zulke klachten hebben vrijwel altijd te maken met verschuivende oestrogeen- en testosteronspiegels. Oestrogenen zorgden er onder andere voor dat sinds het begin van je puberteit je vagina altijd wel een beetje vochtig was. Die permanente vochtigheid is dus afhankelijk van je oestrogeenspiegel. Daalt het oestrogeenniveau, dan wordt je vagina in niet-opgewonden toestand droger. De meeste vrouwen hebben daar nauwelijks last van; anderen hebben de hele dag door een vervelend droog gevoel. In ernstige gevallen kun je nauwelijks fietsen, omdat het brandt en schuurt. Deze vrouwen hebben waarschijnlijk last van atrofie, het dunner en droger worden van het vaginaslijmvlies.

VERMINDERDE SEKSUELE LUBRICATIE

Naast permanente vochtigheid heb je wat seksuologen en artsen 'seksuele lubricatie' noemen: het vochtig worden door seksuele opwinding. Wanneer je opgewonden raakt, gaan de bloedvaten in je vagina openstaan, waardoor er meer bloed doorheen kan worden gepompt. De druk in de kleine vaatjes wordt zo hoog dat er vocht door de vaginawand wordt geperst en je nat wordt. De schaamlippen en clitoris zwellen op.

Dit fysiologische proces heeft niets te maken met stijgende dan wel dalende oestrogenen, maar met externe omstandigheden. In het sekslab van het Amsterdams Medisch Centrum werd twintig jaar geleden al ontdekt dat alle vrouwen, jong of oud, opgewonden kunnen raken. Ondanks een wat drogere vagina kun je wel degelijk nat worden, mits 'context en stimuli' maar in orde zijn. Daarmee wordt bedoeld dat vrouwen niet zomaar vanuit het niets opgewonden raken; de omstandigheden moeten daartoe bijdragen. Ook dienen vrouwen seksueel gestimuleerd te worden, in een spannende of juist veilige omgeving, met een leuke bedpartner, met een vibrator of ander seksspeeltje, je fantasie of een pornofilm, of gewoon met je eigen vingers.

Het zijn dus de omstandigheden – en niet de overgang! – die uitmaken of je wel of niet seksueel opgewonden raakt en vochtig wordt.

Francine (55)
Ik wist niks van de overgang. Ja, mijn menstruatie werd rond mijn 48ste onregelmatiger. En ik had wel eens een opvlieger. Maar dat de overgang ook de oorzaak was van het feit dat ik zo vreselijk prikkelbaar werd? Ik had geen idee. Het was mijn vriendin Diana die het verband legde. Ze zei: je moet eens naar een overgangsdeskundige. Die liet me een hele vragenlijst invullen. Jeetje, ik had geen idee dat je er zoveel kwalen van kon krijgen. Dat ik zo in mijn bed lag te zweten, bleek ook al door de overgang te komen. En die driftaanvallen dus ook.

Door die vragenlijst drong tot me door: ik ben in de overgang. Dat was een klap. Ik dacht meteen: dit zeg ik niet tegen mijn vriend. Hij is negen jaar jonger dan ik. Ik was bang dat hij me een oud wijf zou gaan vinden, en dat-ie op zoek zou gaan naar een jongere vrouw. Als ik met hem vree kon ik me niet ontspannen. De overgang maakte me zó onzeker. Oude blokkades, zoals verlatingsangst, werden getriggerd. Ik voelde me kwetsbaar, uit evenwicht.

Ergens in die periode begon ook de pijn bij het vrijen. Een droge, branderige pijn. Het leek daar onder wel schuurpapier. Tijdens de seks zette ik me schrap, klemde letterlijk mijn kiezen op elkaar.

Op een dag spraken mijn vriendin en ik over onze overgangskwaaltjes. Ze zei: 'Ik kan niet meer met Martin vrijen. Het doet me pijn als hij bij me naar binnen gaat, als hij in me stoot. Ik heb steeds de neiging om nee te zeggen, hem weg te duwen.' Dat was een openbaring, zij had het dus ook!

Ik weer naar de menopauzeconsulent. Die zei inderdaad dat pijnklachten vaker voorkomen in de overgang. Ze vertelde dat de pijn wordt veroorzaakt doordat je minder snel vochtig wordt. Ik was inderdaad tegenwoordig vaak nog droog als mijn vriend bij me binnenkwam. Hij en ik houden niet zo van dat voorspelgedoe, dat gezoen en gestreel hoeft voor ons niet zo. En het was ook nooit nodig, ik werd altijd al opgewonden en nat door het vooruitzicht van seks. Vroeger was het dus nooit een probleem als we snel overgingen op neuken, maar nu dus wel.

Ik kreeg een glijmiddel mee naar huis. Dat vond ik vernederend; dat had ik nog nooit nodig gehad. Maar het is inderdaad handig, vooral als je begint met vrijen.

De consulente stuurde me ook door naar de gynaecoloog. Die constateerde dat ik atrofie had; mijn vaginawand was dunner en minder elastisch geworden. Ook dat veroorzaakte de pijn. Ik kreeg tabletten die ik twee keer per week vaginaal moest inbrengen. Het duurde ruim twee maanden, toen was de pijn weg.

Ik vind vrijen nog steeds leuk, en ik zou het niet willen missen. Maar ik raak minder snel opgewonden. Vroeger kon ik, als ik een lekkere jongen met goeie spierballen voorbij zag lopen, meteen ontvlammen. Of ik ging na mijn werk nog even naar de seksshop, een dvd'tje halen. Die interesse ben ik nu kwijt. Ook mijn orgasmes zijn niet meer zo heftig als vroeger.

Met mijn vriend heb ik het er niet over. Hij zag een keer glijmiddel op mijn nachtkastje en vroeg wat dat was. Toen heb ik hem wel verteld dat ik soms pijn had. Ik zei: 'Heb je niet door dat ik je soms een beetje van me af duw?' Nee, dat had hij niet gemerkt. En hij is echt niet iemand die alleen met zichzelf bezig is. Hij wil dat ik ook geniet.

Soms vraag ik me af: is het inderdaad de overgang, of komt het doordat we al dertien jaar bij elkaar zijn? Dan steekt die onzekerheid weer de kop op. Ligt het aan mij? Vindt hij me nog wel aantrekkelijk? Ziet hij mijn cellulitis niet, hoe plat mijn billen zijn geworden?

Sommige vrouwen vinden het fijn dat ze nooit meer ongesteld zijn. Nou, geef mij maar elke maand die menstruatie; ik neem de buikpijn en de gezwollen borsten graag op de koop toe. Dan weet je tenminste dat je vrouw bent. En wat ik terug wil is de seks. Gewoon: lekkere, ouderwetse, geile seks.

NIET NAT, GEEN SEKS

Rik van Lunsen, hoofd van de afdeling Seksuologie van het AMC, vertelt dat uit landelijk onderzoek blijkt dat 57 procent van de meiden tussen de 15 en 25 jaar wel eens pijn heeft bij het vrijen; 20 procent heeft altijd pijn tijdens de daad. Dit zijn de meisjes, zegt hij, die niet naar hun lichaam hebben leren luisteren, die zich ook laten penetreren als ze nog niet voldoende opgewonden en vochtig zijn. 'Ze kennen nauwelijks hun eigen voorwaarden voor leuke seks. Ze denken dat neuken bij een relatie hoort en dat hun vriendje wegloopt als ze niet meedoen. Dit gedrag blijven ze vaak ook vertonen als ze volwassen zijn geworden: ze zetten de poort open en maken onderwijl in hun hoofd een boodschappenlijstje. Het zijn vooral deze vrouwen die klachten kunnen krijgen als ze in de overgang komen, wanneer ze meer afhankelijk worden van seksuele lubricatie. Daarvoor waren ze altijd wel een beetje vochtig en kwamen ze er min of meer mee weg om te vrijen zonder voldoende opwinding.'

Wanneer in de overgang de permanente vochtigheid van de vagina afneemt, ben je dus meer aangewezen op het vocht dat vrijkomt als de lust toeneemt en je opgewonden raakt. Vrouwen die niet zo goed weten wat hen opwindt of die te weinig tijd besteden aan het voorspel en vrijen in het tempo van hun partner, kunnen dan last krijgen van pijn tijdens het vrijen. Meer dan vroeger ben je nu afhankelijk van de 'context en stimuli' die zo belangrijk zijn voor een leuk en pijnloos seksleven. Voeg daar nog een derde voorwaarde aan toe, die minstens zo belangrijk is: communicatie. Praten met je partner over wat jullie allebei leuk en fijn vinden, is misschien moeilijk, maar essentieel.

Seksuologen zullen tijdens het intakegesprek altijd aan de cliënte vragen hoe de seks was voordat ze in de overgang kwam. Van Lunsen: 'De beste voorspeller voor goeie seks ná de overgang is goeie seks vóór de overgang.' Hoe langer je al klachten hebt over de seksuele relatie, hoe moeilijker het wordt de oorzaken aan te pakken.

Kirsten (53)
Ik ben nooit zo erg van de seks geweest. Natuurlijk, een nieuwe vriend betekende in het begin wilde seks, maar bij mij is na een paar maanden de lust wel weer verdwenen. Met mijn laatste vriend deed het ook pijn. Ik lag me vaak te verbijten in bed. Alleen als ik een jointje rookte kon ik me ontspannen en werd het een beetje leuk.

WEL OF GEEN GLIJMIDDEL?

Veel seksuologen zijn ertegen om glijmiddel te gebruiken wanneer de vagina onvoldoende vochtig wordt bij het vrijen. Ze zeggen: wanneer je nog niet nat genoeg bent, moet je je niet laten penetreren. De vagina is dan niet goed toegankelijk, en is kwetsbaar. Vergelijk het met een man: wanneer hij onvoldoende opgewonden is, krijgt hij geen goeie erectie en kan hij niet penetreren. En een vrouw die onvoldoende nat is, kan niet gepenetreerd worden. Gebeurt dat toch, dan zal ze pijn krijgen. Een glijmiddel verbloemt het probleem in hun ogen.

Andere deskundigen zien een goed glijmiddel, het liefst eentje op basis van siliconen of hyaluronzuur, dat qua textuur het eigen lichaamsvocht het meest benadert, als een opstapje bij het vrijen. Het kan je nét even over het begin heen helpen als je vulva en clitoris nog wat droog zijn en de seksuele lubricatie nog op gang moet komen. Maak zelf de afweging: verhoogt het glijmiddel de feestvreugde of moffelt het een probleem weg?

SCHOMMELEND TESTOSTERON

Niet alleen daalt in de overgang je oestrogeenniveau, ook je testosteronspiegel gaat schommelen. Testosteron is het zogenoemde mannelijk hormoon, maar voor vrouwen is dit stofje minstens zo belangrijk. Zij hebben weliswaar minder testosteron dan mannen, maar nog altijd tien keer zoveel als van het vrouwelijke hormoon oestrogeen. Testosteron wordt onder andere aangemaakt in de eierstokken, en ook na de overgang gaat deze productie gewoon door.

Doordat je oestrogeenspiegel daalt, wordt de verhouding tussen beide hormonen echter anders: het mannelijke hormoon testosteron krijgt iets meer 'macht'.

Zo'n 10 tot 15 procent van de vrouwen ontwikkelt een te hoge testosteronspiegel - en daarmee ook kans op puistjes, een snor en andere overmatige beharing. Een even grote groep krijgt na de overgang juist een tekort aan testosteron.

Soms ontstaat zo'n tekort zonder aanwijsbare oorzaak, soms is een ziekte de boosdoener. Vrouwen bij wie de eierstokken zijn verwijderd, die bestraald zijn of die chemotherapie hebben gehad, kunnen zo'n tekort ontwikkelen.

Ook broodmagere vrouwen lopen kans op te lage hormoonspiegels. Voor een goede werking van testosteron heb je voldoende oestrogeen nodig, en omgekeerd. In vetweefsel wordt testosteron omgezet in oestron, een zwakkere vorm van oestrogeen. Weinig vetweefsel betekent dus weinig omzetting van testosteron in oestron. Een speklaagje is dus helemaal niet slecht. Bij een afgetrainde 50-plusvrouw met een te laag vetpercentage is de seksdrive vaak laag en ze heeft bovendien grote kans dat ze tien jaar later door haar rugwervels zakt vanwege te broze botten.

Vrouwen die te weinig testosteron hebben voelen zich vaak moe. Ze zijn niet vooruit te branden en hebben nergens zin in, laat staan in seks.

Vrouwen die hormoonafhankelijke borstkanker hebben gehad en hormoonremmers moeten slikken, kunnen eveneens een testosterontekort ontwikkelen. Overigens geldt dat ook voor sommige vrouwen die de pil gebruiken of hormoontherapie tegen de overgang. Die bevatten oestrogenen, en dat jaagt je SHBG-gehalte omhoog. Deze sekshormoon bindend globuline is een eiwit dat invloed heeft op je oestrogeen- en testosteronspiegels. Hoe hoger je SHBG, hoe lager je testosteron en hoe groter dus de kans op een laag libido.

Testosteron zorgt ervoor dat je automatisch en vaak onbewust op een seksuele prikkel reageert; je zou het kunnen zien als de startmotor. Een voorbeeld: ook al vind je porno weerzinwekkend of slaapverwekkend, je lichaam laat, of je het nu wilt of niet, in eerste instantie een andere reactie zien. Dat is in wetenschappelijk onderzoek overtuigend aangetoond. Die automatische seksuele respons kan leiden tot zin in seks. Besluit je - en dat gebeurt vaak onbewust - om niets met die seksuele prikkel te doen, dan slaat als het ware de motor weer af. De eerste fase van opgewonden raken is dus testosterongestuurd: de hartslag wordt erdoor versneld en de vaginale doorbloeding neemt toe. Een vrouw met een zeer lage testosteronwaarde zal harder moeten 'werken' om zin te krijgen en zal haar motivatie vooral moeten halen uit de context.

FLAUW ORGASME

Een laag testosteronniveau heeft ook invloed op de intensiteit van het orgasme. Het zou kunnen zijn dat je na de overgang moeizamer klaarkomt dan voorheen. En als het wel gebeurt, is zo'n orgasme vaak flauw en 'flubberig'.

Fransje (55)
Mijn orgasmes zijn altijd als vuurwerk geweest, explosies. Nu lijken ze meer op natte vuurpijlen. Een floddertje, een nies. Een flauw aftreksel van wat het vroeger was. Het schijnt normaal te zijn, maar ik vind het vreselijk.

WAT VALT ERAAN TE DOEN?

Wanneer je het idee hebt dat je seksuele verlangen erg is afgenomen, of wanneer het je tegenwoordig erg veel moeite kost om tot een (intens) orgasme te komen, ga dan naar je huisarts. Die kan je doorverwijzen naar een seksuoloog of gynaecoloog. Wanneer de arts op grond van je klachten het vermoeden heeft dat je testosteronniveau te laag is, kan hij een bloedtest laten afnemen. Aan vrouwen bij wie na een bloedtest een te lage testosteronspiegel wordt geconstateerd, wordt dit hormoon soms op kunstmatige wijze gegeven. Vroeger was hiervoor een pleister op de markt met een voor vrouwen uitgekiende dosering. Helaas is die in Nederland uit de handel genomen, omdat hij te weinig werd voorgeschreven en niet meer rendabel was voor de fabrikant. Nu moeten seksuologen het doen met een gel die specifiek voor mannen is bedoeld. Dat betekent dat er geëxperimenteerd moet worden met hoeveel testosteron voor jou de juiste dosis is. Gebruik je te weinig, dan is het effect nihil. Gebruik je te veel, dan kun je puistjes, overmatige beharing en spieren krijgen. Voor zo'n precaire behandeling word je door je gynaecoloog of seksuoloog altijd doorverwezen naar een derdelijns academisch ziekenhuis waar ze veel ervaring hebben met dergelijke behandelingen.

Zo'n gel kan je nét dat zetje geven om weer zin in vrijen te krijgen. Heb je eenmaal weer regelmatig seks, dan gaat het lichaam soms zelf weer testosteron produceren. Wetenschappelijk is bewezen dat bij mensen die niet vrijen en ook niet masturberen, gaandeweg het testosterongehalte daalt. Als je regelmatig leuke seks hebt, maakt je lichaam voldoende testosteron aan.

Kortom, use it or lose it!

PIJN BIJ HET VRIJEN DOOR ATROFIE

Ongeveer 30 procent van de postmenopauzale vrouwen heeft last van vaginale atrofie: het dunner worden van het vaginaslijmvlies (epitheel). Dat kan klachten veroorzaken als vaginale jeuk, irritatie en droogheid. Pijnlijke penetratie is soms een eerste teken van een dunner wordende vaginawand. Die brandende, schrijnende pijn kan de dag nadat je hebt gevreeën nog voelbaar zijn. De diagnose vaginale atrofie kan worden gesteld (via inwendig onderzoek) na uitsluiting van andere oorzaken. Sommige aandoeningen geven namelijk dezelfde klachten, zoals chronische irritatie van de vagina door penetratie wanneer je nog niet nat genoeg bent.

Pijn bij penetratie door atrofie is overigens geen regel. Sterker nog: uit onderzoek blijkt dat er geen aanwijsbare relatie bestaat tussen de mate van atrofie en pijn bij het vrijen. Als je je bekkenbodem maar genoeg kunt ontspannen en door seksuele opwinding maar vochtig genoeg wordt. Bovendien is gebleken dat regelmatige, plezierige seks leidt tot minder atrofie omdat de vagina dan regelmatiger doorbloed raakt.

Wat echter vaak voorkomt, is dat vrouwen die een pijnlijke ervaring hebben gehad de volgende keer bang zijn dat penetratie weer pijn zal doen. Dat kan hen geremd en angstig maken, en dat bevordert natuurlijk niet de zin in seks. Die angst maakt bovendien dat je je spieren in de bekkenbodem onbewust aanspant. Dat leidt vervolgens tot nog meer pijn. Alle ingrediënten voor een neerwaartse spiraal zijn dan wel aanwezig. Meer vrijen met handen en mond en minder gericht op 'de daad' is dan een goed idee, in ieder geval voor een tijdje.

WAT VALT ERAAN TE DOEN?

Na een paar jaar kan de vaginawand onherstelbaar dun zijn geworden en wordt de behandeling ervan moeilijk. Er kan zelfs een soort ontsteking ontstaan: atrofische vaginitis. Dit gaat gepaard met veel pijn en afscheiding. Wacht daarom niet te lang als je klachten krijgt en maak een afspraak met huisarts of gynaecoloog.

Wanneer je er op tijd bij bent, is atrofie prima te behandelen met tabletten, crèmes of zetpillen die vaginaal worden ingebracht. Ze bevatten een lage oestrogeendosering die lokaal werkt en niet wordt opgenomen in het bloed. Het duurt een paar weken voor je resultaat merkt. Daarna zal een onderhoudsdosering van één keer per week voorkomen dat je klachten terugkeren. Deze medicatie kun je de rest van je leven zonder problemen gebruiken.

Welke medicatie je gebruikt heeft vooral te maken met je voorkeur. Je arts zal je doorgaans in eerste instantie een vaginale crème of vaginale zetpil voorschrijven, want die zijn het goedkoopst. Je gebruikt ze voor het slapengaan. 's Nachts smelten deze middelen uit en overdag zakt de substantie wat naar beneden. Dat geeft een vochtig gevoel, wat een voordeel kan zijn wanneer je last hebt van droogheid. Nadeel is dat het soms geklieder oplevert en je inlegkruisjes moet gebruiken, die qua broeieffect weer niet ideaal zijn. Heb je een vorm van medicatie gekregen die je niet zint, schroom dan niet om weer bij je arts aan de bel te trekken. Er bestaan namelijk ook vaginale tabletten die weliswaar duurder zijn, maar die niet uitsmelten, en waarvan je overdag niets merkt.

ANDERE SEKS

Hoe dan ook zul je je erbij moeten neerleggen dat de seks misschien anders is dan vroeger. Een vluggertje is er vaak niet meer bij. Dat ligt niet alleen aan jou: ouder wordende mannen hebben, door afname van hun testosteronspiegel, meer moeite om een stijve te krijgen én om die te behouden, ook omdat de elasticiteit van de vaten afneemt, waardoor de bloedtoevoer naar de geslachtsdelen moeilijker wordt. Jullie zullen dus allebei meer je best moeten doen en soms andere wegen moeten bewandelen om net zulke prettige seks als vroeger te hebben.

Denk aan context, stimuli en communicatie, de drie voorwaarden voor een goed seksleven die belangrijker worden naarmate je ouder wordt. Dat geldt voor vrouwen én voor mannen.

Bemoedigend is in ieder geval dat verschillende onderzoeken laten zien dat oudere mensen nog erg van vrijen kunnen genieten. Ouderen die seksueel actief zijn, geven bovendien een hoger cijfer aan de kwaliteit van hun leven.

HELEMAAL GEEN SEKS

Seksuologen zien vaak in hun spreekkamer stellen die helemaal niet meer of nog maar zelden seks hebben, en voor wie dat een probleem vormt (er zijn natuurlijk ook genoeg koppels die zonder seks zielstevreden met elkaar zijn). Soms is dat een probleem voor de vrouw, maar vaker voor de man, en niet zelden voor allebei.

Heb je verder een prettige relatie, met veel intimiteit, dan kan de seksuele verhouding vaak weer worden hersteld, zegt Bianca van Moorst, psycholoog en seksuoloog in OLVG Locatie West, het voormalige Sint Lucas Andreas Ziekenhuis in Amsterdam. 'De stellen die samen op de bank knus tegen elkaar naar een filmpje kijken, nog knuffelen, of soms nog samen douchen, maken een goede kans om hun seksleven weer nieuw leven in te blazen.' Wanneer je elkaar niet meer aanraakt of nooit meer een kus geeft, ligt de zaak gecompliceerder. Van Moorst: 'Je hebt vrouwen die denken: als ik hem 's morgens een kus geef als-ie naar zijn werk gaat, denkt hij vast dat we 's avonds seks kunnen hebben. Die vrouwen gaan alles vermijden. Maar wat je daarmee ook vermijdt zijn alle kleine seksuele prikkels. Waardoor je misschien 's avonds best zin zou kunnen krijgen.'

Bij deze cliënten moet ze op zoek naar het begin. Wat is voor jou intimiteit? Waar haal je die uit? Waar ben je bang voor? Waar ben je onzeker over? Ze zegt: 'Veel vrouwen voelen zich niet meer aantrekkelijk en sexy. Als je alleen kunt denken aan je hangborsten of dikke buik – tja, dan kom je niet op gang. Het treurige is: het zijn niet die borsten of dat buikje, maar de onzekerheid die zo het grootste struikelblok wordt.'

Ze zegt ook: 'Veel vrouwen die ouder worden raken in de war over hun seksuele identiteit. Seks wordt geassocieerd met jong, mooi en vruchtbaar. Die vrouw kijkt naar haar lijf en denkt: wie wordt daar nog opgewonden van? Durf ik nog te vrijen nu ik niet meer sexy ben?'

Seks tussen oudere mensen – daar wordt vaak over gegriezeld, zegt Van Moorst. 'Niet alleen door jongeren, maar ook door ouderen zelf. Dat beeld moet je echt loslaten, en je moet dat ouder wordende lijf van jezelf én van je partner gewoon accepteren. Als je van elkaar houdt, is dat echt niet zo moeilijk. Er zijn genoeg 50-plussers, en zelfs 70-plussers, die een zeer bevredigend seksleven hebben. Misschien doen ze het wat minder vaak dan vroeger, misschien moeten ze andere technieken toepassen, meer tijd ervoor nemen om opgewonden te raken. Vaak wordt de lust wat minder belangrijk, maar neemt het gevoel van intimiteit toe.'

In deze tijd willen seksuologen als Van Moorst mensen er ook bewust van maken dat het geen punt hoeft te zijn als je géén seksueel verlangen hebt. Er ontstaat pas een probleem als binnen een relatie de ene partner wél en de andere partner geen zin heeft in seks, of wanneer het verschil in verlangen groot is.

Van Moorst: 'Maar we willen ook dat mensen zich realiseren dat het niet een kwestie is van wel of geen zin hebben, maar dat je er iets voor kunt doen om dat seksuele verlangen op te roepen. Daarnaast hebben we ook nog een feministische missie: er zijn nog ontstellend veel vrouwen die hun eigen wensen en verlangens ondergeschikt maken aan die van hun man. Ze weten vaak niet goed wat ze wensen op seksueel gebied en hebben er moeite mee hun grenzen te bewaken.'

Edina (58)
Mijn man en ik kennen elkaar nu zesendertig jaar. De laatste tien jaar hadden we steeds minder vaak seks, tot we er een paar jaar geleden zo zoetjesaan mee zijn gestopt. Nee, dat vind ik niet erg, en mijn man geloof ik ook niet. We hebben vroeger zoveel met elkaar gevreeën, op de spannendste momenten, manieren en plekken; het is goed zo. De lust is voorbij, maar we vinden elkaar nog steeds lief en leuk. Elke avond slapen we lepeltje lepeltje in.'

SEKSTHERAPIE

Tobben vrouwen vaak over hun ouder wordende lijf, mannen - die er doorgaans toch ook niet strakker en jonger op worden - zitten daar vaak minder mee. Hun voornaamste klacht is dat hun vrouw niet meer wil. De seksuoloog moet soms de mannen aanpakken die bij haar hun eisenpakket dumpen. Of Van Moorst even hun vrouw wil oppeppen en ervoor kan zorgen dat zij weer zin krijgt. Van Moorst: 'Zo werkt het natuurlijk niet. Als zij minder zin heeft in seks dan hij, betekent dat niet automatisch dat het probleem bij háár ligt. Het draait om het verschil in seksueel verlangen. Verschil in zin in seks is als elk relationeel verschil in wensen: ik wil op de fiets en zij met de auto; ik wil naar Duitsland, hij naar Frankrijk. Hoe onderhandel je daarover?'

Het leuke van sekstherapie is, zegt Van Moorst, dat je uitgaat van wat nog wél goed en leuk is, en hoe je de mogelijkheden kunt vergroten. De sleutel? Juist, die ligt in de al eerdergenoemde context, stimuli en communicatie. 'Maak tijd voor elkaar, zorg voor een ontspannen sfeer, een beetje gezelligheid. Luister naar de ander. Veel ruzies gaan over het feit dat vrouwen (én mannen!) het gevoel hebben dat ze niet meer gezien worden, dat alles wat ze doen als vanzelfsprekend wordt ervaren. Geef elkaar weer eens een compliment. Wees je ook bewust van de verschillende startposities die mannen en vrouwen doorgaans hebben. Vrouwen moeten *in the mood* komen. Bij veel vrouwen ontstaat de zin in seks omdat ze intiem met hun partner zijn tijdens het vrijen. Terwijl mannen zeggen: ik haal die intimiteit uit de seksualiteit. Zij redeneren precies andersom.'

Soms kan sekstherapie echter niks meer uithalen. Als de chemie tussen de partners is verdwenen, als de een de ander echt niet meer aantrekkelijk vindt, als er sprake is van afkeer en weerzin, dan houdt het op, alle sessies bij de seksuoloog ten spijt. Vrijwel altijd is er dan, naast de verstoorde seksuele verhouding, sprake van andere relatieproblemen. Niet zelden komen stellen er tijdens de sekstherapie achter dat ze beter uit elkaar kunnen gaan.

Klaske (53)
Job en ik kennen elkaar sinds we als twintigers in dezelfde studentenflat kwamen te wonen. Inmiddels zijn we dertig jaar samen. Onze drie kinderen zijn al het huis uit. Seks is altijd belangrijk in onze relatie geweest. Nog steeds vrijen we regelmatig met elkaar. Het is een manier om écht samen te zijn, om te ontspannen en om te lachen. Ik slik alleen sinds een paar jaar Seroxat, een antidepressivum, en ik merkte dat mijn libido daar behoorlijk van is ingekakt. Van mij hoeft het eigenlijk niet meer. Maar Job vindt het jammer dat ik nooit meer het initiatief neem en dat hij me elke keer moet overhalen. Daarom was ik begonnen met het afbouwen van de Seroxat. Ik belandde vrijwel onmiddellijk weer in een depressie. In overleg met mijn psychiater ben ik weer mijn oude dosis gaan slikken.

Nu maak ik gewoon maar zin als Job graag wil. En als we eenmaal bezig zijn vind ik het meestal ook leuk en lekker.

MEDICIJNGEBRUIK

Sommige medicijnen hebben als bijwerking dat de zin in seks afneemt. De pil is hierom berucht (onterecht overigens; in werkelijkheid heeft slechts 10 procent van de pilgebruiksters last van een verminderd libido), maar ook sommige hormoonpreparaten die aan vrouwen in de overgang worden gegeven. Is je seksleven je heilig, maak dan een zorgvuldige afweging. Heb je veel last van opvliegers en nachtzweten - echte sekskillers -, dan kunnen de voordelen van hormoontherapie opwegen tegen het nadeel dat ze je libido kan verlagen. Overleg met je arts of gynaecoloog. Die kan je bijvoorbeeld tibolon (Livial) geven, waar een beetje testosteron in zit. Nadeel van dit medicijn is wel dat je er dik van kunt worden.

Ook andere medicijnen die uitgerekend 50-plusvrouwen (en mannen) in groten getale slikken kunnen de zin in seks behoorlijk doen afnemen. Bètablokkers bijvoorbeeld, die de bloeddruk verlagen, en statines: cholesterolverlagende medicijnen. Om nog maar niet te spreken van antidepressiva, de grootste lustremmers die er bestaan. Door een antidepressivum als Seroxat lukt het 80 procent van de gebruiksters niet meer om een orgasme te krijgen.

Els (57)
Nadat mijn depressieve partner met zijn verhuiswagen de straat uit was gereden dacht ik er helemaal klaar mee te zijn. Ik was 52 en na jaren trouwe dienst was mijn vagina een no-go-area geworden, voor zowel de heren der schepping als voor mijzelf. Ik hoefde nooit meer seks, ik was blij dat ik er vanaf was. En toen werd ik 54 en gebeurde er een wonder. Ik werd verliefd, op J., en J. werd verliefd op mij. Binnen een week woonden we samen. Na een jaar zijn we getrouwd. Ik heb een seksleven zoals ik nog nooit heb gehad. Nee, natuurlijk is het niet zo dat J. en ik dag en nacht vrijen. Inmiddels heeft het leven weer zijn gewone loop hernomen. Ik werk harder dan ooit. Hij heeft het ook lekker druk. Hij schenkt een glaasje whisky voor me in als ik thuiskom en moppert dat ik de botervloot en jampot niet terugzet nadat ik een boterham heb gesmeerd. Ik doe een ijsklontje in zijn cola en baal van de troep die hij maakt in de werkkamer.

Maar over al dat gemoedelijke huis-tuin-en-keukengedoe hangt altijd een waas van erotiek. We kijken televisie en mijn hoofd ligt op zijn schoot. Hij legt zijn hand op mijn linkerborst. En daarna op mijn rechterborst, omdat die anders jaloers zou kunnen worden. Ik zoen zijn hand, hij zoent mijn haren. Het fijnste moment van de dag is als we naar bed gaan. Dan kruipen we zo dicht tegen elkaar aan dat we bijna stikken. We lachen en praten, zoenen en strelen. Hij weet precies wat ik fijn vind en als ik roep: vanavond niet, dan weet hij me altijd weer over te halen. Soms vrijen we tien dagen niet, soms doen we het drie keer per week. Maar er gaat geen dag voorbij zonder dat er seks in de lucht hangt. Zaligmakende, verrukkelijke, vrolijke seks.

HOOFDSTUK 6

Risico's op de langere termijn: hart, vaten en botten

HART- EN VAATZIEKTEN

Het is nog steeds te weinig bekend, maar doodsoorzaak nummer één bij vrouwen zijn hart- en vaatziekten. Voor de duidelijkheid: de term hart- en vaatziekten dekt alle (slag)aderaandoeningen die kunnen voorkomen in het lichaam, van beroertes in het hoofd tot hartinfarcten tot 'etalagebenen'. De helft van alle vrouwen sterft aan zo'n aandoening: dat zijn ruim 20 000 vrouwen per jaar, 57 per dag. Ter vergelijking: aan borstkanker gaan 7000 vrouwen per jaar dood (negen per dag).

Tot de overgang worden vrouwen beschermd door hun vrouwelijke hormonen. Na de menopauze is er een duidelijke toename van het aantal acute infarcten bij vrouwen. Een infarct is het afsterven van weefsel ten gevolge van zuurstofgebrek omdat er een bloedvat is afgesloten. Vroeger waren het vooral 60- en 70-plussers, maar omdat steeds meer vrouwen in de afgelopen jaren zijn gaan roken en ook doordat ze steeds zwaarder worden, krijgen steeds meer vrouwen op jongere leeftijd een hartinfarct – wat overigens hetzelfde is als een hartaanval.

Bij 54 procent van de vrouwen wordt te laat ontdekt dat ze een hart- of vaatziekte heeft. Bij mannen is dat percentage 33 procent.

Bijna twee keer zoveel vrouwen als mannen sterven aan een hartaanval binnen één jaar, terwijl meer mannen dan vrouwen te maken krijgen met hart- en vaatziekten! Dat bij meer dan de helft van de vrouwen een hart- en vaataandoening niet tijdig wordt opgespoord, heeft deels te maken met het feit dat wij de neiging hebben onze klachten te bagatelliseren. Pijn in de rug of schouders, een opgejaagd gevoel, kortademigheid: we schenken er geen aandacht aan, denken dat het 'psychisch' is, wuiven ongemakken weg met de gedachte: het gaat wel weer over, het zal wel aan mijn drukke leven liggen. En als je wél met zo'n kwaal naar de dokter stapt, legt hij niet altijd het verband met hart- en vaatproblemen. Hij denkt al snel: ze is overspannen. Of: het zijn 'de hormonen'. Of: ze is depressief. Nu zou een huisarts juist extra alert moeten zijn wanneer een 50-plusvrouw met dit soort symptomen bij hem op het spreekuur komt. Want een goede diagnose die op tijd wordt gesteld, kan een vrouwenleven redden.

HARTKLACHTEN

In de binnenbekleding van de bloedvaten (het endotheel) zitten receptoren voor oestrogeen, waardoor het hormoon door de bloedvaten kan worden opgenomen. Oestrogenen houden de bloedvaten soepel en elastisch, hebben een vaatverwijdend effect, beschermen de binnenwand tegen negatieve invloeden, houden de cholesterolwaarden en de bloeddruk laag, en beschermen tegen aderverkalking.

Wanneer dit hormoon in de overgang wegvalt, worden de vaten stugger en stijver. Door die stuggere vaten, die minder goed meebewegen, kun je pijn krijgen of een beklemd gevoel op de borst ervaren. Een 'olifantspoot op mijn borst' wordt dat wel genoemd. De bloedvaten trekken zich dan samen in een soort spasme.

Hartklachten worden onder andere veroorzaakt door vernauwde kransslagaderen, waardoor het hart niet genoeg zuurstofrijk bloed krijgt. Het dichtslibben van een ader wordt ook wel aderverkalking genoemd. Mannen hebben bij hartklachten meestal pijn op de borst die uitstraalt naar de linkerarm, vooral nadat ze zich hebben ingespannen, zoals bij traplopen. Bij zulke symptomen gaan alle alarmbellen rinkelen en komt elke dokter meteen in actie. Bij mannen zie je vaak de klassieke vorm van aderverkalking, een zogenoemd obstructief dichtslibbingspatroon: als je de vaten bekijkt zie je hele stukken die normaal zijn, afgewisseld met stukken die dichtgeslibd zijn met cholesterol. Zo'n verstopping kan verholpen worden met medicijnen. Ook door middel van een dotteroperatie kunnen de vaten worden opengemaakt.

Bij vrouwen is het plaatje vaak minder duidelijk. Wanneer een vrouw naar de cardioloog wordt doorverwezen, ziet deze niet altijd een duidelijke obstructie. Misschien constateert hij wat onregelmatigheden, maar geen zorgwekkende vernauwing. Het valt dus wel mee, denkt de arts. Maar de vaten van vrouwen slibben gelijkmatiger dicht, waardoor snel over het hoofd wordt gezien dat ze misschien al de helft van hun diameter hebben ingeleverd. Met als gevolg dat de patiënt naar huis wordt gestuurd, waar ze blijft sukkelen met vage klachten: een lamlendig, grieperig gevoel, vermoeidheid, een zwaar gevoel op de borst.

WANNEER GA JE NAAR DE DOKTER?

Ga in ieder geval naar je huisarts met de volgende klachten:
- pijn in de rug, in de linkerkaak, de oksel, de schouders of de bovenbuik
- kortademigheid of benauwdheid na rustig traplopen of fietsen
- griepachtige verschijnselen, vermoeidheid of slecht slapen
- misselijkheid en braken
- zweetaanvallen
- angstgevoelens of een opgejaagd gevoel.

Veel van deze klachten overlappen met overgangssymptomen en andere lichamelijke aandoeningen, en daardoor wordt de werkelijke oorzaak nogal eens over het hoofd gezien. Sommige cardiologen bepleiten daarom een tweejaarlijkse hart- en vatenscreening voor 50-plusvrouwenvrouwen, net als bij borstkanker.

Zolang die screening er nog niet is, is het zaak voor de huisarts om alert te zijn. Hij zal de risicofactoren in kaart moeten brengen en uitzoeken wat er aan de hand kan zijn. Wanneer je tijdens je zwangerschap een hoge bloeddruk had of een van je ouders leed aan een hoge bloeddruk, een hoog cholesterolgehalte of een harten vaatziekte, behoor je in ieder geval tot de risicogroepen die extra screening nodig hebben.

HOGE BLOEDDRUK

Ook al heb je je hele leven een prachtige lage bloeddruk gehad, het kan geen kwaad om deze na de overgang regelmatig te laten meten. Door zout en vocht vasthouden heeft de helft van de 60-plusvrouwen een verhoogde bloeddruk – dat wil zeggen, een bovendruk van meer dan 140 en een onderdruk van meer dan 90. Het is niet ongevaarlijk om daarmee door te lopen. Je kunt er een beroerte – een herseninfarct – door krijgen, en het kan de hartspier verdikken. Uiteindelijk kan het leiden tot hartfalen. Bovendien versnelt een hoge bloeddruk het proces van aderverkalking.

OVERGEWICHT EN DIABETES

In de overgang komen de meeste vrouwen een paar kilo aan, maar vaak ook meer. Bovendien verdeelt het vet zich op een andere manier over je lijf. Had je voorheen vooral ronde billen en heupen, nu verzamelt het vet zich vooral op en in je buik. Kortom, je verandert van een peer in een appel. Het toegenomen buikvet kan leiden tot hogere cholesterolwaarden en diabetes, wat de kans op hart- en vaatziekten vergroot. Een hoge bloeddruk komt twee tot drie keer vaker voor bij vrouwen die te zwaar zijn.

VETSTOFWISSELING (CHOLESTEROL)

Bij vrouwen is er een sterkere schommeling van de bloedvetten dan bij mannen. Na de overgang neemt het LDL-cholesterolgehalte (dat is je 'slechte' cholesterol) met 10 tot 14 procent toe. Ook je triglyceridengehalte (een andere vetachtige stof in ons lichaam) kan verhoogd raken. Je 'goede' HDL-cholesterol kan in deze fase juist lager worden. Die waarden tezamen bepalen je vetstofwisseling. Als deze verstoord is, kan dat de kans op hart- en vaatziekten vergroten.

ROKEN

Roken is de belangrijkste oorzaak van een hartinfarct bij vrouwen onder de 55 jaar. Rokers hebben meer kans op bloedpropjes en meer kans op aderverkalking. Bij jongere vrouwen beschadigen de schadelijke stoffen in tabak de oestrogeenreceptoren in de bloedvaten. Daardoor worden de vaten stugger en stijver, en dat leidt weer tot een hoge bloeddruk en pijn op de borst.

Het goede nieuws: als je stopt met roken heb je daar meteen profijt van. Binnen enkele dagen zul je merken dat je minder kortademig wordt en binnen vijf tot tien jaar is de kans op een hartinfarct weer net zo klein als bij een niet-roker van dezelfde leeftijd.

KNOW YOUR NUMBERS!

Elke vrouw zou moeten weten wat haar bloeddruk en cholesterolwaarden zijn. Laat die dan ook regelmatig meten. Vuistregel voor je bloeddruk: onder de 140/90. Vuistregel voor je cholesterol: 5-3-1. (Totale cholesterol onder de 5, slechte cholesterol onder de 3, goede cholesterol boven de 1.)

WAT VALT ERAAN TE DOEN?

De arts kan je bij een hoge bloeddruk medicijnen voorschrijven. Bijkomend voordeel van een gereguleerde bloeddruk is dat opvliegers, nachtzweten, vermoeidheidsklachten en hoofdpijn minder zullen worden of zelfs kunnen verdwijnen. Vrouwen moeten overigens niet de doses krijgen die mannen worden voorgeschreven; de helft is vaak al voldoende.

Bij te hoge cholesterolwaarden kan de arts je een recept voor een cholesterolverlager (statine) geven, maar in overleg zou je eerst kunnen kijken of je de waardes omlaag kunt krijgen door verandering van je levensstijl: minder alcohol, veel groente en fruit, minder zout, minder verzadigde vetten, meer onverzadigde vetzuren.

Je vaten blijven ook in conditie door regelmatige beweging: het endotheel, de binnenkant van je vaten, moet iedere dag uitgedaagd worden. Als je beweegt, worden er stoffen geactiveerd die het bloedvat wijder maken. Loop of fiets in ieder geval elke dag minstens een halfuur. Daarnaast zou je het liefst drie keer per week intensief moeten bewegen (hardlopen, dansen, vrijen, wielrennen, aerobics), waarbij je hartslag oploopt tot boven de 100.

HELPEN HORMONEN?

Hormoontherapie (HRT) kan helpen om de conditie van hart en vaten op peil te houden, maar uit onderzoek blijkt dat hormoontherapie geen zin heeft wanneer je al lang in de postmenopauze bent.

De oestrogeenreceptoren in de binnenwand van je bloedvaten verschrompelen namelijk langzaam tijdens de overgang, omdat ze niet meer gebruikt worden - er komen immers nauwelijks nog oestrogenen vrij. *Use it or lose it*: dat is ook hier aan de hand. Worden er extra oestrogenen toegediend, dan worden deze niet meer 'opgevangen' door de receptoren, maar zakken ze weg in de vaatwand. Er ontstaat dan extra afzet van cholesterol - oestrogeen bestaat namelijk voor een deel uit het vettige goedje dat cholesterol heet. Die afzet kan op den duur juist voor méér hart- en vaatproblemen zorgen.

De International Menopause Society (IMS) adviseert in haar meest recente richtlijnen om wanneer je een hormoonpreparaat wilt gebruiken, hiermee te beginnen binnen tien jaar na de menopauze. In dat geval neemt de kans op een hartaanval niet toe bij vrouwen tussen de 50 en 60 jaar.

Vrouwen die al voor hun 40ste in de overgang zijn gekomen, zouden sowieso HRT moeten nemen, zo is het advies van de IMS. Zo kan worden voorkomen dat ze vroegtijdig hart- en vaatproblemen krijgen en daardoor een kortere levensverwachting hebben dan leeftijdgenoten.

HARTKLOPPINGEN OF HARTRITMESTOORNIS?

Iedereen heeft wel eens hartkloppingen. Wanneer je naar een bloedstollende film kijkt, een sprintje hebt getrokken, of wanneer je nerveus in de wachtkamer van de tandarts zit. Dat je hart dan een slag mist of dat je het hevig voelt bonzen, is onschuldig en normaal. Vrouwen klagen soms over pijn en hartkloppingen als ze op hun linkerzij liggen. In die houding kan je hart wat naar onderen zakken en kun je sterker dan normaal de pulsaties ervaren. Kortom, je bent je dan meer bewust van het kloppen van je hart.

Opvliegers en nachtzweten kunnen hartkloppingen uitlokken en omgekeerd, ook al is er nooit een keihard verband aangetoond. Zo'n combinatie van een hitteaanval en een hart dat bonkend tekeergaat, kan behoorlijk angstaanjagend zijn, maar ook dit soort kortdurende hartkloppingen is volkomen onschuldig.

De elektrische bedrading van het hart is zeer gevoelig voor stress, voor alcohol, en voor hormoonwisselingen. Een kleine verstoring in de bedrading kan al hartkloppingen veroorzaken. Daarbij komt nog dat het hart een geheugen heeft - *cardiac memory* wordt dat genoemd. Als je vaker hartkloppingen hebt, om welke reden dan ook, en je maakt je daar nerveus over, kan dat een selffulfilling prophecy worden: je krijgt hartkloppingen bij de gedachte alleen al. Ook bloeddrukschommelingen kunnen de boosdoener zijn. Kortom: er zijn vele factoren die hartkloppingen kunnen veroorzaken.

Als hartkloppingen langer dan vijf minuten duren, ga dan naar de dokter, want dan kan er ook sprake zijn van een hartritmestoornis. Bij een hartritmestoornis klopt het hart langzamer, sneller of onregelmatiger dan normaal (bij een volwassene in rust klopt het hart 60 tot 70 slagen per minuut, bij grote inspanning 160 tot 180 slagen per minuut), doordat er iets aan de hand is met de elektrische prikkelgeleiding van het hart.

Misschien kan de huisarts je na een eerste gesprek en lichamelijk onderzoek al geruststellen, en anders verwijst hij je door naar de cardioloog. Die zal naar het hele plaatje kijken: hoe staat het met de rest van je gezondheid? Wat is je medische voorgeschiedenis? Hij zal je lichamelijk onderzoeken en eventueel een echo van hart en vaten laten maken om onregelmatigheden op te sporen.

WAT VALT ERAAN TE DOEN?

Zoals gezegd kunnen hartkloppingen behoorlijk angstaanjagend overkomen. Maar onderzoek, uitleg en aandacht van een arts kunnen vaak al helpen. Als je weet dat ze onschuldig zijn, neemt dat al veel angst en ongerustheid weg. Het beste is om ze gewoon maar te accepteren; ga even zitten als je hart weer tekeergaat, neem een uitgebreid bad, doe een paar meditatieoefeningen - probeer te ontspannen op een manier die voor jou werkt. Heb je daar geen tijd voor en moet je een acute deadline of afspraak halen, dan kun je incidenteel een bètablokker nemen, zoals je ook een paracetamol slikt als je hoofdpijn hebt. Bètablokkers zorgen ervoor dat het stresshormoon adrenaline zijn werk wat minder goed doet. Het effect ervan is dat je bloeddruk daalt, je hartslag verlaagt en de hartspier minder krachtig samentrekt. Daardoor wordt het hart minder belast.

In het geval je hart al om de haverklap op hol slaat, kan de cardioloog je voorstellen om het hart te 'resetten'. Dat kan bijvoorbeeld door je een tijdje bètablokkers te geven. Die kunnen dan later worden afgebouwd.

Saskia (61)
Na een drukke zaterdag in mijn winkel zat ik 's avonds uitgeteld op de bank. Ik voelde me rillerig en dacht dat ik een griepje onder de leden had. In de loop van de avond kreeg ik een stekende pijn onder mijn nek, tussen mijn schouderbladen. Ik zette de elektrische deken aan, want een beetje warmte leek me goed, maar ook dat hielp niet. Na een doorwaakte nacht heb ik op zondag de huisartsendienst gebeld. Daar dachten ze inderdaad aan een virus. 'Gewoon uitzieken mevrouw.' Maar op maandagochtend voelde ik me nog steeds beroerd. Ik was er niet zo gerust op. Het voelde anders aan dan een gewone griep. Mijn huisarts bleek op vakantie. Ik maakte een afspraak met zijn vervanger, een alerte jonge vrouw die me onderzocht en doorverwees naar een cardioloog. Na allerlei onderzoeken bleek dat ik een vernauwing had in mijn kransslagader, veroorzaakt door aderverkalking. De arts zei dat dat vaker voorkwam bij 50-plussers. Niet alleen bij mannen, maar zeker ook bij vrouwen die te hard werkten, te zwaar waren en bovendien rookten.

Achteraf gezien voelde ik me al langer niet fit. Ik had vaak een opgejaagd gevoel, vaak in combinatie met druk op de borst. Soms had ik hartkloppingen. Ik dacht dat het kwam door de stress over mijn winkel; die liep door de crisis niet lekker. Ik was er wel eens voor bij mijn huisarts geweest, maar ook hij dacht dat de oorzaak psychisch was.

In het ziekenhuis is een stent geplaatst, die de ader moet openhouden. Van de cardioloog moest ik ook wat aan mijn levensstijl gaan doen.

Dat was drie jaar geleden. Vanaf dat moment ben ik gezonder gaan eten; ik ben op mijn cholesterol gaan letten, die toen behoorlijk hoog was en nu weer normaal is. Ook mijn bloeddruk bleek veel te hoog; daar kreeg ik een pilletje voor. Ik stopte acuut met roken. Dat kostte me niet eens zoveel moeite, want ik was zo geschrokken van dat hartgedoe dat ik heel gemotiveerd was. En ik ben gaan bewegen. Ik deed altijd alles met de auto, maar vanaf dat moment fietste ik als het maar even kon naar de winkel. Dat is per dag, heen en weer, al zo'n veertig minuten. Daarnaast ben ik in de sportschool met een personal trainer aan de slag gegaan om mijn conditie op te bouwen, want ik voelde me echt een dweil; ik kon nog geen vijftig meter een sprintje trekken.

Inmiddels ben ik veertien kilo afgevallen, ik loop twee keer per week vijf kilometer hard en volg ook nog elke maandagavond een yogaklasje om soepeler te worden en me beter te leren ontspannen. Als ik in de spiegel kijk zie ik een andere vrouw: jonger, slanker, veel minder vermoeid en gestrest. Kortom, ik voel me weer super. Die vervangende huisarts ben ik een grote bos bloemen gaan brengen en ik ben meteen naar haar praktijk overgestapt. Voor mijn gevoel heeft zij mijn leven gered.

BOTTEN

Ze zien er hard, onbuigzaam en levenloos uit, maar net als je huid, je darmen en alle andere organen in je lichaam bestaan de botten die samen je skelet vormen uit levend weefsel. Een compact bot bestaat voor 30 procent uit bindweefsel en voor 70 procent uit botzouten, voornamelijk mineralen als calcium, magnesium en fosfor.

Botten zijn voortdurend aan verandering onderhevig: het weefsel bouwt zich onafgebroken op met behulp van cellen die osteoblasten heten, en het wordt ook continu afgebroken door weer andere cellen, osteoclasten. Dat proces van opbouw en afbraak duurt je hele leven lang, onder invloed van hormonen en door belasting van het bot. Als je jong bent, is de botopbouw groter dan de botafbraak. Rond je 30ste bereiken de botten hun botpiekmassa: dit is de hoogste botdichtheid die je botten ooit zullen bereiken. Deze botpiekmassa is gedeeltelijk erfelijk bepaald, maar wordt ook beïnvloed door beweging, belasting, voeding en levensstijl.

Het hormoon oestrogeen zorgt bij vrouwen voor sterke botten. Wanneer in de overgang dit hormoon afneemt, neemt de bescherming van je botten eveneens af. Botverlies start gemiddeld bij vrouwen rond hun 40ste levensjaar. Tussen het 45ste en 55ste jaar verlies je ongeveer 3 tot 4 procent bot per jaar. Na de menopauze verlies je nog eens 1 procent per jaar. De mate van botafbraak verschilt per persoon, en bij vrouwen gaat het doorgaans harder dan bij mannen.

OSTEOPOROSE

Soms worden de botten zo poreus en broos dat je makkelijk iets kunt breken wanneer je zou vallen. We hebben het dan over botontkalking ofwel osteoporose (os betekent 'bot', porose betekent 'poreus'). Het komt voor bij één op de drie vrouwen en bij één op de zeven mannen boven het 60ste levensjaar. De fase ervoor, wanneer de botdichtheid al beduidend minder wordt, heet osteopenie. Osteoporose is vrijwel onomkeerbaar; wel kan met behulp van medicijnen de botafbraak worden gestuit.

Osteoporose is een sluipende aandoening en daardoor weet 70 procent van de patiënten niet dat ze hieraan lijdt. Het wordt vaak pas ontdekt wanneer je valt en iets breekt. Elke zes minuten breekt iemand iets ten gevolge van botontkalking: ruggenwervels, heupen, ribben, botten in de onderarmen en bovenbenen. Dat zijn 80 000 osteoporotische botbreuken per jaar, waarvan 80 procent bij vrouwen.

PRIMAIR OF SECUNDAIR

Er zijn twee soorten botontkalking. Primaire osteoporose ontstaat ten gevolge van je leeftijd, afname van de geslachtshormonen en erfelijke factoren. Vrouwen die vroeg in de overgang komen lopen groter risico, net als vrouwen die antihormonen moeten gebruiken vanwege borstkanker.

Secundaire osteoporose ontstaat niet door het natuurlijke verouderingsproces of door hormonen, maar door gezondheidsproblemen als diabetes, COPD, nierziekten, reuma, schildklierafwijkingen, epilepsie, darmziekten, HIV. Ook te veel drank en sigaretten doen je botten geen goed, evenmin als bepaalde medicijnen, zoals ontstekingsremmers en maagzuurremmers. Ze verhinderen dat essentiële voedingsstoffen voor de botopbouw, zoals calcium, goed worden opgenomen. Antidepressiva, anti-epileptica, antipsychotica en slaap- en kalmeringspillen kunnen bij langdurig gebruik eveneens botontkalking in de hand werken.

RISICOFACTOREN

Niet iedereen heeft een verhoogde kans op osteoporose. Belangrijke risicofactoren zijn:

- wanneer je niet of nauwelijks beweegt, waardoor het botweef-

sel te weinig belast en 'uitgedaagd' wordt
- wanneer je voor je 40ste in de overgang komt
- wanneer je antihormonen slikt vanwege borstkanker
- wanneer je minder dan 60 kilo weegt of een BMI hebt van onder de 20
- wanneer je veel rookt en/of drinkt
- wanneer in de familie osteoporose voorkomt (wees alert wanneer een van je ouders wel eens een heup heeft gebroken)
- wanneer je reumatoïde artritis hebt
- wanneer je langer dan drie maanden corticosteroïden (bijvoorbeeld prednison) in tabletvorm gebruikt. Corticosteroïden remmen de osteoblasten en zorgen voor afname van vitamine D3.

Nu hoef je niet meteen in paniek te raken wanneer je tot een van deze risicogroepen hoort. Op www.osteoporosevereniging.nl kun je een testje invullen om te kijken hoe groot de kans is dat jij osteoporose zult ontwikkelen. Scoor je meer dan 4 punten, overleg dan met je huisarts of specialist of een botdichtheidsmeting zinvol is.

DEXA-METING

Als je een verhoogd risico hebt, zou je een jaar na je laatste menstruatie je botdichtheid kunnen laten meten. Je wordt dan doorverwezen voor een DEXA-meting (Dual Energy X-ray Absorptiometry), ofwel een botmineraaldichtheidsonderzoek (BMD). Dat is een röntgenonderzoek waarbij de heupen en de lendenwervels worden bekeken. Als je al gekrompen bent, is er ook een aanvullend onderzoek nodig (de VFA-meting), waarbij gekeken wordt of de wervels zijn ingezakt.

Ben je ouder dan 50 jaar en heb je bij een val een botbreuk opgelopen, dan wordt er vaak ook een DEXA-meting verricht. Wordt die je niet aangeboden, vraag er dan om.

Val je opvallend vaak, dan kan er ook iets anders aan de hand zijn. Overleg in dat geval met de huisarts. Soms is het ook een kwestie van onvoldoende spierkracht en balans.

De radioloog zal de DEXA-meting vastleggen in een T-score. Die is gebaseerd op de botdichtheid van een gemiddelde 30-jarige vrouw. Hoe lager je T-score, hoe groter de mate van osteopenie (de

voorfase van botontkalking) of osteoporose.
- T-score van +1 tot +2 en alles daarboven: prima
- T-score groter of gelijk aan -1 = normaal, gemiddeld
- T-score tussen -1 en -2,5 = osteopenie
- T-score lager dan -2,5 = osteoporose, behandeling moet gestart worden
- T-score lager dan -3,5 = ernstige osteoporose

Hanna (50)
Tijdens mijn gesprek op het menopauzespreekuur werd mij een DEXA-meting aangeraden. Vanwege mijn fragiele bouw en mijn BMI van 19 leek dat de verpleegkundige wel nuttig, temeer omdat mijn moeder op haar 70ste haar heup had gebroken en later nog een keer haar pols. Ook mijn vitamine D-gehalte werd bepaald. Ik ben roodharig en gebruik altijd een dagcrème met beschermingsfactor 30. De uitslag was osteopenie en een vitamine D-tekort. Ik heb nu voedingsadviezen en krijg een calcium- en vitamine D3-supplement. Over twee jaar wordt de DEXA herhaald.

Loes (56)
Ik ben een stevige tante. Mijn leven lang worstel ik al met mijn lijn. Nu kreeg ik te horen dat mijn gewicht ook een positieve kant heeft. Mijn ruime lichaamsvet maakt nog steeds wat oestrogeen aan ondanks het feit dat ik al lang in de postmenopauze ben. Volgens mijn arts beschermt dat tegen botverlies. Zo zie je maar: elk nadeel heb zijn voordeel.

WAT VALT ERAAN TE DOEN?

Meestal zul je de uitslag van de DEXA-meting krijgen via je arts. Vraag expliciet naar de uitkomst op osteoporose én osteopenie; het gebeurt nog wel eens dat er alleen gescreend wordt op het woord ‘osteoporose’. Maar in de fase van osteopenie kan namelijk de verminderde botdichtheid vaak nog hersteld worden met de juiste voeding en veel beweging, en soms ook met medicijnen.

Wanneer je osteoporose hebt of dreigt te krijgen, zul je vrijwel altijd behandeld worden met bisfosfonaten, een medicijn dat je één keer per week of per maand slikt. Het bevat niet-hormonale stoffen die aan het botweefsel hechten en die de cellen afremmen die verantwoordelijk zijn voor de afbraak van botweefsel. Hierdoor wint de aanmaak van bot het weer van de afbraak. De botmassa, met name in de wervels, neemt daardoor weer iets toe en de kans op wervel- en heupbreuken neemt af. Het geneesmiddel werkt extra goed als het wordt gecombineerd met een calcium- en vitamine D-voedingssupplement.

Sommige mensen reageren slecht op bisfosfonaten of krijgen er bijwerkingen van. In dat geval zal je arts kijken naar een alternatief medicijn.

Slik je hormonen vanwege andere overgangsklachten? Mooi, want dat heeft als bijkomend voordeel dat de botaanmaak gestimuleerd en de botafbraak wordt afgeremd. HRT wordt echter nooit voorgeschreven enkel en alleen ter voorkoming van osteoporose.

PREVENTIE

ELKE DAG BEWEGEN

Flink bewegen zorgt voor sterke botten. Vooral activiteiten waarbij je met elke beweging je botten belast zijn supereffectief. Denk aan wandelen, rennen, dansen, steppen, tennis, squash, badminton, volleybal en andere balsporten. Ook indirecte stimulatie van het bindweefselvlies rondom het bot - periost heet dat - zorgt ervoor dat je botten stevig blijven. Fietsen, yoga, tuinieren, gewichtstraining en roeien zijn daarom ook prima. Je kweekt er bovendien spieren mee, waardoor je zorgt voor een krachtig lijf en een betere balans. Daarmee voorkom je valpartijen en botbreuken.

Zorg dat je elke dag minstens een halfuur beweegt. Dat is niet alleen goed voor je botten, maar ook voor je conditie, je lijn, en je hart en vaten.

Olga (59)
Op mijn werk maken we lange dagen achter de computer. Sinds kort weet ik dat ik osteoporose heb. Ik heb mijn collega's uitgelegd dat het niet goed is om zo lang stil te zitten. Sindsdien zijn we veel meer in beweging gekomen. Sommigen maken een wandeling tijdens de lunchpauze. Anderen nemen net als ik de trap naar vierhoog. We komen hijgend en puffend aan, maar we houden het vol omdat het goed voor ons is.

WEL OF GEEN MELK?

Voor sterke botten hebben we calcium nodig, het meest voorkomende mineraal in ons lichaam. Meer dan 99 procent van onze calciumvoorraad ligt opgeslagen in de botten en in het gebit. Voor de opname en de opslag ervan zijn ook andere stoffen nodig, zoals de mineralen magnesium, zink, mangaan, koper, borium en de vitaminen D3, K2 en C.

Zuivel wordt nog steeds gezien als de ideale bron van calcium. De meeste Nederlanders zijn opgevoed met Joris Driepinter en slogans als 'Melk is goed voor elk' en 'Melk. De witte motor' en drinken nog steeds braaf drie bekers per dag. Het Voedingscentrum, dat volgens eigen zeggen wetenschappelijk onderbouwde en onafhankelijke informatie biedt over een gezonde, veilige en meer duurzame voedingskeuze, is een voorstander van een ruime inname van zuivel. Hun advies aan een vrouw van pakweg 50 jaar is om elke dag twee à drie bekers magere zuivel - melk, yoghurt, karnemelk, kwark - per dag te nuttigen. Er zijn echter ook voedingswetenschappers en zelfbenoemde voedingsexperts die faliekant tegen koemelk en aanverwante producten zijn. Zij zeggen: koemelk is niet bedoeld voor mensen, maar voor kalfjes. Het doet ons lichaam meer kwaad dan goed. Volgens aanhangers van het zuurbasedieet laat de grote hoeveelheid eiwitten in koemelk en andere dierlijke producten het lichaam te veel verzuren. Het lichaam moet dit neutraliseren en doet dit door calcium uit de botten te gebruiken. Koemelk zou dus juist op de lange termijn osteoporose in de hand werken, aldus deze theorie. Daarnaast zou koemelk te weinig magnesium en te veel fosfor bevatten - funest voor de calciumopname. Het Voedingscentrum ziet echter geen wetenschappelijke onderbouwing van deze theorie.

ALTERNATIEVE CALCIUMLEVERANCIERS

Hoe dan ook, voor wie liever geen zuivel gebruikt of die niet goed verdraagt, zijn er genoeg andere voedingsproducten boordevol calcium. Eet veel noten (vooral amandelen), sojaproducten, peulvruchten en groene bladgroenten, met name kool, broccoli, spinazie, waterkers en peterselie. Ook tomatenpuree, knoflook, ui, sesamzaad, zeewier en pure chocolade zijn calciumleveranciers.

Geitenmelk is een goed alternatief voor koemelk: het is lichter verteerbaar en leidt minder vaak tot allergieën en maag-darmklachten. Het bevat veel eiwitten en vitaminen (A, B, C, D) en mineralen (ijzer, calcium, fosfor, magnesium, mangaan, kalium en jodium).

Zout en suiker 'snoepen' calcium weg uit je lichaam, en ook koffie, sigaretten en alcohol zijn funest voor de calciumopname.

Er bestaan trouwens calciumtabletten, mocht je bang zijn dat je niet genoeg calcium binnenkrijgt of wanneer je een verhoogde kans op osteoporose hebt. Neem deze echter nooit op eigen houtje, maar altijd in overleg met je arts. Uit recent onderzoek blijkt namelijk dat te veel calcium uit voedingssupplementen (meer dan 500 mg per dag) kan leiden tot hart- en vaatziekten.

VITAMINE D EN ZONLICHT

Vitamine D is een essentiële stof voor het lichaam. Ons lichaam maakt het aan onder invloed van UVB-straling van de zon of haalt het uit onze voeding. De vitamine moet worden omgezet in de actieve stof calcitriol voordat het werkzaam kan zijn. Calcitriol is eigenlijk geen vitamine, maar een hormoon dat ervoor zorgt dat calcium wordt opgenomen in het bloed en vastgelegd in de botten, en niet versneld via de nieren weer wordt uitgescheiden.

Vitamine D en calcium zorgen dus samen voor een grotere botdichtheid. Daarnaast is vitamine D van belang voor sterke spieren. Een tekort eraan kan leiden tot spierzwakte en -krampen, en tot een slechtere balans. Daardoor kun je eerder vallen (en dus je botten breken).

Vette vis is een belangrijkste bron van vitamine D: de lepel levertraan van vroeger was zo gek nog niet, want die barstte ervan. Vitamine D zit in mindere mate in vlees en eieren, en het wordt vaak toegevoegd aan margarine, halvarine en bak- en braadproducten.

Al met al is het nog niet eens zo makkelijk om voldoende vitamine D uit je voedsel te halen. Daarom hebben we ook de zon als bron nodig. Vitamine D3 heet de vorm die onder invloed van UVB-zonnestralen in de huid wordt gemaakt. De zon moet hiervoor wel krachtig genoeg zijn. In Nederland is de zon in de herfst en winter te zwak om voor voldoende vitamine D te zorgen. Ook wanneer je je insmeert met een zonnebrandcrème met een beschermingsfactor van ten minste 8 wordt het UV-licht geblokkeerd. Daarom wordt geadviseerd om in de lente en de zomer twee à drie keer per week een kwartiertje de zon op je gezicht en handen te laten schijnen voordat je je insmeert met zonnebrandspul.

Voor vrouwen met een donkere huid is het moeilijker om voldoende vitamine D aan te maken. Hun pigment werkt als een sunscreen. Ook vrouwen die veel binnen zijn of buiten een sluier dragen, hebben vaak een tekort aan vitamine D3. Een zonnebankkuurtje helpt dan niet, want de zonnebanklampen filteren juist de UVB-stralen eruit die deze vitamine aanmaken.

Omdat het moeilijk is om in de herfst- en wintermaanden voldoende vitamine D aan te maken, kun je voor de zekerheid een voedingssupplement nemen: 1000 tot 2000 I.E. (25 tot 50 mcg) per dag is een prima dosering. Aan 50-plussers wordt dit zelfs geadviseerd.

MAGNESIUM

Magnesium is een mineraal dat samen met calcium en vitamine D zorgt voor de opbouw van gezonde botten. Het zorgt ook voor het soepel functioneren van de spieren. Een tekort aan dit mineraal uit zich in lusteloosheid, vermoeidheid, spierkramp of onrustige benen - overigens klachten die je wel vaker van vrouwen in de overgang hoort. Magnesium zit in amandelen, cashewnoten, pitten en zaden (pompoen, sesam, zonnebloem, lijnzaad), groene groenten (spinazie, koolsoorten, broccoli), bonen, fruit (bananen, ananas), schelpdieren, garnalen, zeegroenten (zeewier, kelp), zeezout, groene kruiden (basilicum, dille), graan en zuivelproducten, en in pure chocola van minimaal 70 procent. Kies bij voorkeur voor biologische producten - door kunstmest en fabrieksmatige bewerking wordt magnesium aan het voedsel onttrokken. Volgens het Voedingscentrum komt een tekort trouwens niet vaak voor, want we kunnen magnesium vrij gemakkelijk uit ons voedsel halen. Maar sommige medicijnen, zoals plasmiddelen (die je vaak krijgt bij een hoge bloeddruk), maagzuurremmers, de pil, antibiotica en insuline hebben een remmende werking op de opname van magnesium.

Wanneer vermoed wordt dat je een tekort hebt, kun je een supplement nemen, maar niet meer dan 250 mg per dag - bij een overdosis krijg je last van diarree. Sommige reguliere medicijnen werken minder goed als je magnesium als voedingssupplement gebruikt; overleg daarom altijd met je arts of apotheker.

Marja (54)
Drie jaar geleden, op een schitterende winterdag, lag er eindelijk weer ijs. Het was mijn vrije maandag, ik had een druk weekend achter de rug en ik besloot in mijn eentje een tochtje over het Gein te maken. Na tien minuten schoot mijn schaats in een scheur. Bij de val kwam ik op mijn rechterhand terecht.

Ik voelde meteen dat er iets was gebroken. Daar zat ik dan in mijn eentje op het verder verlaten ijs. Mijn eerste gedachte was: Hans bellen. Mijn mobiel zat in mijn rechterjaszak. Met mijn linkerhand kreeg ik hem er met geen mogelijkheid uit. Het koude zweet brak me uit. De pijn was inmiddels vreselijk. Ik riep: 'Help, help!', in de hoop dat iemand me zou horen. Ik ben doorgaans een stoere vrouw, die voor alles een oplossing heeft, maar nu zat ik duizelig en verkleumd te huilen op het ijs.

Na een kwartier hoorde ik schaatsgeluiden en schreeuwde ik opnieuw om hulp. Er kwam een schaatser aan die me lief zijn zakdoek en jas aanbood. Vrijwel meteen daarna hoorde ik ook een politieauto. Een vrouw die in een van de boerderijen langs de kant woonde, had me gehoord en de politie gebeld.

In het ziekenhuis bleek dat ik mijn pols had gebroken. Weken later, bij de controle, stelde de orthopeed voor om een DEXA-meting te doen, omdat ik boven de 50 was. Uit de uitslag bleek dat ik osteoporose had. Ik schrok me rot: ik had er nooit bij stilgestaan dat ik botontkalking zou kunnen krijgen. Ik dacht dat dat iets was voor oudere dames. Maar ik bleek wel degelijk tot de risicogroepen te behoren. In mijn jeugd heb ik anorexia gehad, en ben ik een paar jaar niet ongesteld geweest. Daarna was mijn menstruatie behoorlijk onregelmatig totdat ie helemaal stopte op mijn 48ste.

Voor de rest ben ik een gezond en sportief mens; ik zwem al jaren twee keer per week en ik fiets graag. Op advies van de specialist in het ziekenhuis ging ik aan de tabletten tegen verdere ontkalking. Omdat ik na een halfjaar veel bijwerkingen kreeg, verwees mijn huisarts me naar de osteoporose-polikliniek. Ik moest stoppen met de tabletten en in plaats daarvan krijg ik nu één keer per jaar een Aclasta-infuus van een kwartier. Dat is een bisfosfonaat dat tegen botontkalking werkt. Van de osteoporoseverpleegkundige hoorde ik dat ik in plaats van zwemmen beter aan beweging kon gaan doen die de botten belast. Ik ga nu vaker wandelen en ik doe aan gewichtstraining. Op haar advies gebruik ik nu ook een vitamine D- en calcium-supplement.

HOOFDSTUK 7

Hormoontherapie en andere middelen tegen overgangsverschijnselen

HORMOONTHERAPIE (HRT)

Wie vindt dat haar leven en werk lijdt onder serieuze overgangsklachten, zou met haar arts kunnen overleggen of *hormone replacement therapy* (HRT) voor haar is weggelegd. In goed Nederlands heet dat hormonale-substitutietherapie (HST), maar we houden hier de meer gangbare Engelse term aan.

HRT vult het tekort aan vrouwelijke hormonen aan - oestrogeen en vaak ook progesteron - dat ontstaat doordat de eierstokken gaandeweg niet meer op volle kracht deze stofjes produceren. HRT bevat dezelfde hormonen als de anticonceptiepil, maar dan in een veel lagere dosering, omdat een zwangerschap niet meer voorkomen hoeft te worden.

Oestrogeen zou je een levenselixer kunnen noemen: het voorkomt niet alleen overgangsklachten, maar is ook van cruciaal belang voor de conditie van hart en vaten, botten en slijmvliezen. Onderzoek onder vrouwen bij wie de eierstokken helemaal zijn verwijderd, laat zien dat hun levensverwachting gemiddeld met zeker tien jaar afneemt.

Na de menopauze blijven de eierstokken nog slechts 10 tot 15 procent van de oorspronkelijke hoeveelheid oestrogeen afgeven.

De vraag is dan ook: waarom krijgen niet álle vrouwen die in de overgang komen een pilletje met oestrogeen voorgeschreven? In Nederland krijgt slechts 5 procent van de vrouwen in de overgang HRT. Dit is veel minder dan in de ons omringende landen - België, Engeland, Duitsland, Frankrijk -, waar 25 tot 40 procent van de vrouwen hormoontherapie krijgt. Dat wij in Nederland zo zuinig om hormonen vragen en artsen zo terughoudend zijn met de verstrekking ervan, heeft ongetwijfeld te maken met onze calvinistische volksaard, waarbij over het algemeen het adagium geldt: neem het leven zoals het zich aandient. We zijn immers ook heel lang tegen de ruggenprik bij een bevalling geweest en als je buikpijn hebt, neem je geen aspirientje maar gewoon een warme kruik. In deze cultuur past een tegenzin tegen alles wat naar hormonen riekt. Een eczeemzalf op basis van hormonen wordt hier alleen maar voorgeschreven als de nood echt aan de man is, terwijl die in het buitenland royaal wordt voorgeschreven en gesmeerd.

HRT EN BORSTKANKER

Daarnaast schuilt het wantrouwen jegens HRT in de onder huisartsen en vrouwen wijdverbreide overtuiging dat oestrogeensuppletie borstkanker zou veroorzaken. Maar ondanks het feit dat Nederlandse vrouwen dus weinig hormoonpreparaten gebruiken, ligt in ons land het borstkankercijfer juist hóger (vanaf 45 jaar een kans van ongeveer 11 tot 12 procent) dan in de meeste andere Europese landen. De oorzaak daarvan is niet helemaal duidelijk; het kan aan onze voeding liggen, of aan onze genen. Ook lijkt er een relatie te zijn met het feit dat wij relatief laat onze eerste kinderen krijgen en relatief weinig borstvoeding geven in vergelijking met andere Europese vrouwen.

Overigens is de oorsprong van de angst voor borstkanker wel begrijpelijk. Vanaf 2002 werd HRT afgeraden naar aanleiding van publicaties van het internationale wetenschappelijk onderzoek *Women Health Initiative* en de Britse *Million Women Study*. In het kader hiervan waren aan 60-plusvrouwen die nog nooit hormonen hadden gebruikt, hormoonpreparaten gegeven om te kijken of die een positief effect zouden hebben op hun hart en vaten. Het onderzoek werd in 2002 voortijdig afgebroken omdat in deze groep meer vrouwen dan normaal borstkanker en/of hartproblemen kregen. Dat heeft toentertijd veel stof doen opwaaien en enorm veel negatieve publiciteit opgeleverd, die tot op de dag van vandaag nagalmt, ook in Nederland. Artsen werden zeer huiverig voor hormoongebruik en het aantal vrouwen dat nog hormonen kreeg voorgeschreven, nam af van 37 procent in 2002 naar 4 procent in 2004.

Mede vanwege deze verontrustende uitkomsten is er in het afgelopen decennium veel onderzoek gedaan naar de risico's van HRT. Als gevolg daarvan zijn de huidige preparaten veel meer verfijnd dan pakweg vijftien jaar geleden, en de dosis hormonen is flink naar beneden bijgesteld. Daardoor is tegenwoordig het risico op borstkanker in de eerste vijf jaar van gebruik nagenoeg nihil bij vrouwen die geen familiaire aanleg voor borstkanker hebben.

HRT EN OVARIUMKANKER

Een internationaal onderzoeksteam publiceerde in 2015 in het medische tijdschrift *The Lancet* een artikel over de resultaten van een studie naar de invloed van hormoonsuppletie op ovarium- of eierstokkanker. Het risico bleek bij vrouwen die hormonen slikten iets verhoogd: van 0,1 procent naar 0,2 procent. Die uitkomst werd nogal alarmerend uitgemeten in de Nederlandse kranten - een verdubbeling van het aantal ovariumkankergevallen! -, maar we kunnen je geruststellen: het risico blijft nog steeds minimaal: twee op de duizend vrouwen die HRT gebruiken, zou volgens dit onderzoek ovariumkanker krijgen.

INTERNATIONALE RICHTLIJNEN

Alhoewel veel Nederlandse artsen en vrouwen nog steeds huiverig staan tegenover HRT, laat de International Menopause Society (IMS) sinds 2013 een ander, veel positiever geluid horen. De conclusies en aanbevelingen van de IMS luiden:

- HRT geeft géén verhoogde kans op borstkanker tijdens de eerste vijf jaar dat je de therapie gebruikt. Dat is inmiddels wetenschappelijk (*evidence based*) bewezen. Gebruik je langer dan die vijf jaar een gecombineerde HRT (oestrogeen plus progesteron), dan gaat het risico elk jaar met ongeveer 0,1 procent omhoog. Dat is hetzelfde risico dat je loopt wanneer je elke dag alcohol drinkt, of nooit borstvoeding hebt gegeven, of je eerste kind hebt gekregen na je 30ste. Wanneer je overgewicht hebt, loop je zelfs een groter risico op borstkanker dan vrouwen met een normaal gewicht die HRT gebruiken. Want hoe meer buikvet, hoe meer oestrogeen er wordt aangemaakt. En hoe meer oestrogeen, hoe groter de kans op borstkanker.

- Onder invloed van oestrogenen gaat het baarmoederslijmvlies groeien, en om dat te beteugelen heb je progesteron nodig. De meeste hormoonpreparaten bevatten daarom naast oestrogeen ook progesteron. Deze gecombineerde preparaten beschermen je tegen baarmoederkanker.
- Vrouwen bij wie de baarmoeder is verwijderd, kunnen volstaan met een preparaat met alleen oestrogeen. Een dergelijk preparaat kun je zelfs tien jaar gebruiken zonder dat de kans op borstkanker verhoogd wordt.
- De kans op een hartaanval neemt niet toe bij vrouwen tussen de 50 en 60 jaar, mits ze met HRT beginnen binnen tien jaar na de menopauze.
- De kans op hart- en vaatziekten neemt iets af wanneer vrouwen een oestrogeenpreparaat gebruiken. Dit betekent overigens niet dat HRT wordt voorgeschreven enkel en alleen om hart- en vaatziekten te voorkomen.
- De kans op trombose neemt bij HRT iets toe: van 0,1 procent (een op de duizend vrouwen) naar 0,2 procent (twee op de duizend vrouwen). Dat extra risico is minimaal en lager dan bij pilgebruik (vier op de duizend vrouwen).
- Vrouwen die last hebben van een droge vagina, pijn bij het vrijen of regelmatige blaasontsteking, kunnen een preparaat met laag moleculair oestrogeen gebruiken dat twee keer per week in de vagina wordt aangebracht. Zo'n vaginaal medicijn brengt geen extra risico's met zich mee omdat het lokaal zijn werking doet en niet wordt opgenomen in het bloed. Je kunt het indien nodig levenslang in een onderhoudsdosering gebruiken.
- Wil je langer dan vijf jaar HRT gebruiken? Wetenschappelijk onderzoek lijkt uit te wijzen dat daar weinig op tegen is, mits je een voor jou geschikt preparaat gebruikt. De voordelen

zijn vaak groter zijn dan de nadelen.
- Ben je al voor je 40ste in de overgang gekomen? Gebruik dan HRT ten minste tot je 51ste, de gemiddelde leeftijd waarop vrouwen voor het laatst ongesteld zijn. Zo moet worden voorkomen dat je vroegtijdig osteoporose en/of hart- en vaatproblemen krijgt en daardoor een kortere levensverwachting hebt dan andere vrouwen.

WAT ZIJN DE VOORDELEN VAN HRT?

- Niets bestrijdt zo goed overgangsklachten als opvliegers, nachtzweten, vaginale droogheid, enzovoort, aldus de International Menopause Society
- HRT heeft een gunstige invloed op de botdichtheid en voorkomt dus osteoporose
- HRT heeft een gunstige invloed op je cholesterolgehalte
- HRT verlaagt de kans op diabetes
- Bij vrouwen die voor hun 40ste in de overgang zijn gekomen, verlengt HRT de levensverwachting
- Je huid veroudert minder snel en je hebt minder last van haaruitval.

De huidige Nederlandse richtlijnen inzake HRT dateren nog van 2005 en zijn inmiddels achterhaald. De verwachting is dat in de loop van 2016 de Dutch Menopause Society (DMS) - dat is de internationale naam voor de Werkgroep Overgang van de Nederlandse Vereniging van Obstetrie en Gynaecologie (NVOG) - in haar officiële richtlijnen voor gynaecologen de meest recente internationale conclusies en aanbevelingen zal overnemen.

De nieuwe aanbevelingen omarmen het inzicht dat oestrogeen van niet te onderschatten belang is voor de levensverwachting van vrouwen. Dit hormoon beschermt immers tegen de risico's van osteoporose en hart- en vaatziekten, zoals een hersenbloeding of een hartinfarct. Bij vrouwen die hormoontherapie gebruiken is de sterfte door hart- en vaatziekten lager dan bij degenen die zonder hormoonsuppletie door deze fase komen. Kortom, je doet vrouwen tekort wanneer je ze niét behandelt.

Wanneer de richtlijnen voor gynaecologen zijn aangepast aan de nieuwste inzichten, is het nog wachten op de wijziging van de richtlijnen voor huisartsen. Want de meeste vrouwen zullen toch eerst hem raadplegen bij overgangsklachten. In de huidige, zeer terughoudende richtlijn voor huisartsen wordt HRT nog sterk afgeraden en gelden alleen opvliegers en nachtelijk transpireren als officiële overgangsklachten waarvoor eventueel HRT voorgeschreven kan worden. Huisartsen schrijven ook niet snel hormonen voor uit angst gerechtelijk vervolgd te worden wanneer een patiënt toch borstkanker krijgt (ook al zal nooit duidelijk worden wat daar de oorzaak van is).

Het merkwaardige van dit alles is dat huisartsen je soms nog liever de anticonceptiepil geven dan HRT, terwijl de pil méér hormonen bevat en vanaf je 50ste juist een verhoogd risico op borstkanker geeft.

Dieuwke (54)
Van het ene op het andere moment kreeg ik 's nachts zweetaanvallen. Twee, drie keer per nacht werd ik wakker terwijl het zweet van me af gutste. Vervolgens kreeg ik het weer ijskoud, waardoor ik moeilijk insliep. Ik heb dat een paar maanden aangezien, maar door die gebroken nachten werd ik moe, chagrijnig, huilerig. En toen kreeg ik ook mijn eerste opvliegers overdag. Mijn huisarts vond het gevaarlijk om me hormonen te geven: 'Daar krijg je borstkanker van, weet je dat wel?' Hij schreef me een homeopathisch middeltje voor, dat natuurlijk niet hielp. Daarna gaf hij me de pil. Die kon geen kwaad, zei hij.

Inmiddels ben ik verhuisd en ik heb een andere huisarts gevonden. Ze heeft me onmiddellijk van de pil gehaald en Femoston voorgeschreven. Dat is een veel lichter hormoonpreparaat, speciaal voor de overgang. Ik neem elke dag een pilletje en heb nooit meer een zweetaanval of opvlieger gehad. Ik ben ook minder moody, en zit weer beter in mijn vel. Knappe jongen die mij ooit nog van de Femoston af krijgt.

VOOR WIE IS HRT NIET GESCHIKT?

Helaas is HRT niet voor alle vrouwen geschikt. Het zal je worden ontraden wanneer:

- je hormoongevoelige borstkanker hebt of in het verleden hebt gehad. Tenzij de klachten zo erg zijn dat je niet meer normaal kunt functioneren
- je trombose hebt of hebt gehad waarbij de relatie tot hormonen is aangetoond (bijvoorbeeld trombose door pilgebruik). Als je een antistollingsmiddel gebruikt, kan je internist mogelijk wel HRT toestaan
- je een leverziekte hebt waardoor hormonen niet afgebroken kunnen worden (in dat geval kunnen hormoonpleisters een oplossing zijn)
- je last hebt van ernstige myomen (vleesbomen) of endometriose
- je een ernstige vorm hebt van epilepsie, of aanleg hebt voor longembolie of migraine
- je al langer dan tien jaar geleden in de postmenopauze bent beland.

Heb je een van deze contra-indicaties - die trouwens dezelfde zijn als voor de anticonceptiepil -, dan zal je arts samen met jou op zoek gaan naar een alternatief.

Heb je geen van bovenstaande aandoeningen, dan is er eigenlijk geen enkele reden te bedenken waarom een arts je geen HRT zou kunnen voorschrijven.

Je hoeft ook niet bang te zijn dat HRT slechts een kwestie van uitstel betekent en dat je als je ermee stopt alsnog in de overgang komt, met alle klachten van dien. Het overgangsproces waarin je eitjes opraken kun je niet voor je uit schuiven, maar je kunt met HRT wel een lastige periode overbruggen, het hormoontekort aanvullen en de symptomen onderdrukken. En als je na een paar jaar rustig afbouwt, beperk je de kans op opvliegers en dergelijke tot een minimum.

BIJWERKINGEN

HRT kan tijdens het gebruik bijwerkingen geven. De meest bekende zijn misselijkheid, gespannen of gevoelige borsten, hoofdpijn en doorbraakbloedingen - eigenlijk dezelfde klachten die je ook van pilgebruiksters hoort. Daarom zal je dokter je na een paar weken weer willen zien, om je ervaringen en de voors en tegens te bespreken. Mocht je flinke bijwerkingen hebben, dan kan er eventueel geswitcht worden naar een ander preparaat. Omdat HRT zoveel lager is gedoseerd dan de pil, treden bijwerkingen soms pas na drie jaar op.

Sommige vrouwen klagen dat ze er minder zin in seks door krijgen. Dat zou kunnen komen doordat het oestrogeen het testosteron ‘wegvangt’. Veel vrouwen rapporteren juist het tegenovergestelde effect: ze komen door HRT beter in hun vel te zitten. Ze slapen weer beter en zijn minder moe en chagrijnig, en daardoor neemt hun libido weer toe.

HRT: VERSCHILLENDE VORMEN

Er zijn verschillende vormen van HRT. Vaak is het een kwestie van gewoonte of voorkeur van je arts welk middel je wordt voorgeschreven.

PLEISTERS

Sommige artsen prefereren pleisters omdat de werkzame stoffen dan via de huid worden opgenomen en gelijkmatig worden afgegeven. De lever wordt zo omzeild en daardoor is er minder kans op trombose. Nadeel van oestrogeenpleisters is dat je ernaast progesteron (oraal of vaginaal) moet gebruiken, want pleisters die beide hormonen combineren zijn niet meer in de handel. Veel gynaecologen schrijven daarom alleen pleisters voor aan vrouwen die geen baarmoeder meer hebben en dus geen progesteron nodig hebben om de opbouw van baarmoederslijmvlies tegen te gaan. Pleisters kunnen wel huidirritatie veroorzaken.

MIRENA-SPIRAAL

Een hormoonpleister kan ook worden gebruikt in combinatie met een Mirena-spiraal omdat die progesteron afgeeft. Deze combinatie is helemaal handig als je nog menstrueert en dus zwanger kunt worden - de Mirena-spiraal is bedoeld als voorbehoedsmiddel. Ze gaat ook de opbouw van baarmoederslijmvlies tegen, dus vrouwen met heftige bloedingen kunnen er baat bij hebben.

Na drie jaar geeft de Mirena-spiraal in combinatie met een oestrogeenpleister nog te weinig progesteron af voor premenopauzale vrouwen. Bij postmenopauzale vrouwen volstaat een minder werkzame dosis; zij kunnen er zeven jaar mee toe.

PILLEN

Tegenwoordig wordt HRT meestal voorgeschreven in de vorm van een tablet. Voordeel van zo'n pilletje is dat het oestrogenen en progesteron combineert. Welk middel voor jou het meest geschikt is, hangt van verschillende factoren af, onder andere van de klachten die je hebt en in welke fase van de overgang je zit.

Ben je af en toe nog ongesteld, dan zal de arts je een middel voorschrijven dat je natuurlijke cyclus zo nauwkeurig mogelijk nabootst - een zogenoemd cyclisch preparaat. Dat betekent een pil met alleen oestrogeen gedurende de eerste veertien dagen van je cyclus; in de laatste twee weken slik je een pil waarin naast oestrogeen ook progesteron zit. Meestal zul je dan aan het einde van de strip een paar dagen licht vloeien. Er is geen stopweek: na een strip van achtentwintig dagen ga je gewoon door met een volgende strip. Deze pillen zijn niet bedoeld als anticonceptie, want daarvoor zijn ze te licht gedoseerd.

Ben je nog bang voor een zwangerschap, dan kan je arts je de Zoely voorschrijven. Dat is een lichte pil met lichaamseigen hormonen die zwangerschap voorkomt, je cyclus reguleert, weinig bijwerkingen heeft en ook goed werkt bij stemmingswisselingen.

Heb je al minstens een jaar niet meer gemenstrueerd, dan kom je in aanmerking voor een middel waarin achtentwintig dagen lang in elke pil zowel oestrogeen als progesteron zit - een zogenoemd continu preparaat. Je zult dan niet meer aan het einde van een strip vloeien. Wel kun je tijdens de eerste maanden af en toe een doorbraakbloeding krijgen.

Voorbeelden van combinatiehormoonpreparaten zijn Femoston, Activelle, Angeliq, Trisiquens en Kliogest. Naar Femoston is het meeste onderzoek gedaan; het wordt gezien als het meest veilige orale middel op dit moment. Je wordt er niet dikker van en de kans op trombose is klein in vergelijking met andere preparaten. Femoston is er in verschillende doses en varianten; dat maakt het makkelijk er een te kiezen die het best bij je past. Bovendien kun je handig de dosis verhogen of verlagen als dat nodig mocht zijn. Ook is hij geleidelijk af te bouwen als je ermee wil stoppen.

LIVIAL

Livial is eigenlijk geen hormoonpreparaat, maar het werkzame bestanddeel, tibolon, activeert via een achterdeurtje je eigen hormoonhuishouding. Niet alleen je oestrogeenniveau, maar ook je testosteronspiegel kan zo een boost krijgen. Omdat testosteron je libido aanjaagt, wordt Livial wel door seksuologen voorgeschreven aan vrouwen die klagen over te weinig zin in seks. Toen begin van deze eeuw hormoonpreparaten uit de gratie raakten, werd Livial veelvuldig voorgeschreven omdat het ook heel effectief is tegen opvliegers en nachtelijke transpiratie. Nadelen van het middel zijn dat je er dikker van kunt worden omdat het de suikerstofwisseling kan verstoren. Vrouwen die Livial gebruiken worden daarom nauwgezet door hun arts in de gaten gehouden. Bij langdurig gebruik kan het een verhoogde kans op baarmoederkanker geven, dus het mag maar kort worden gebruikt, hooguit twee tot drie jaar.

BIO-IDENTIEKE HORMONEN (BHRT)

Mieke (52)

Humeurig, opvliegers, nooit meer slapen, geen seksdrive meer, een droge vagina, het gevoel alsof ik 'gek' aan het worden was: ik vond de overgang een hel, waar mijn haar ook nog eens van uitviel.

Helaas reageerde ik niet goed op HRT. Ik heb altijd al last gehad van PMS en ook nu werd ik somber. Toen ik naar Londen verhuisde, kwam ik op aanraden van een vriendin in de kliniek van de arts Marion Gluck terecht. Ik kreeg een bloedtest en op grond daarvan werd vastgesteld welke hormoontekorten ik had. Gluck claimt dat ze met behulp van bio-identieke hormonen je hormoonbalans weer kan herstellen. In de handgedraaide zuigtabletjes van yam en sojabonen die ze me voorschreef zitten bio-identiek oestrogeen en progesteron, en ook een beetje testosteron, want het bloedonderzoek wees uit dat ik daar veel te weinig van had. Dat kon wel kloppen, want ik had totaal geen seksdrive meer. Sinds die snoepjes voel ik me stukken beter. Ik slaap weer goed, en mijn humeur is enorm opgeknapt.

De laatste tijd neemt het effect wel weer een beetje af. Binnenkort ga ik naar de kliniek en dan wordt er onderzocht of ik soms een aanpassing nodig heb.

Bio-identieke hormonen zijn in het buitenland *hot*. Ze sleepten Oprah Winfrey de overgang door en ook de Engelse schrijfster Jeannette Winterson schreef in 2014 een jubelend stuk over de kliniek van Dr. Gluck en haar bio-identieke hormonen in de Engelse krant *The Guardian*.

Bio-identieke hormonen zijn hormonen van dierlijke of plantaardige oorsprong die identiek zijn aan de hormonen die mensen in hun lichaam aanmaken. In de standaardhormoonpreparaten die in Nederland verkrijgbaar zijn, zit altijd oestradiol, dat ook wel 17-bèta-oestradiol wordt genoemd. Dit is ook een lichaamseigen hormoon. Daarnaast zit in onze HRT vaak een progestageen. Progestagenen zijn synthetische hormonen (in de fabriek gemaakt) die dezelfde werking hebben als progesteron, maar ze zijn niet bio-identiek. Dat in deze middelen geen bio-identiek progesteron zit, heeft te maken met de patenten op deze medicijnen. Middelen die bio-identiek zijn, die dus in de natuur voorkomen, kunnen niet gepatenteerd worden en daar kan de farmaceutische industrie geen geld aan verdienen.

Preparaten met bio-identieke hormonen werken net zo goed als of misschien wel beter dan synthetische hormonen, maar er is weinig of geen onderzoek gedaan naar de bijwerkingen en het risico op borstkanker. In onze buurlanden is het vrij gewoon dat vrouwen bio-identieke hormoonmedicatie ‘op maat’ krijgen nadat met behulp van een bloedtest is vastgesteld welk hormoontekort ze hebben. Nederlandse gynaecologen zijn doorgaans wat sceptischer, omdat hormoonspiegels binnen korte tijd nogal kunnen schommelen en een preparaat op maat dus ook nooit accuraat kan zijn. En al die bloedtesten kosten natuurlijk wel geld. Bovendien zeggen ze: er zijn zoveel HRT-preparaten op de markt dat er altijd wel een zo goed mogelijk advies op maat gegeven kan worden.

Op internet zijn bio-identieke preparaten te koop, maar ga er alsjeblieft niet zelf mee dokteren. Wil je er meer van weten, neem dan contact op met een gespecialiseerde natuurarts of een orthomoleculaire arts (zie de website van de beroepsvereniging www.MBOG.nl). Ook op de vrouwenpoli van Boxmeer schrijft gynaecologe Barbara Havenith bio-identieke hormonen voor, indien gewenst op maat gemaakt (zie www.vrouwenpoliboxmeer.nl).

NIET-HORMONALE MIDDELEN EN TECHNIEKEN

Soms blijkt een medicijn als onbedoeld bijeffect overgangsklachten te bestrijden. Gabapentine wordt gebruikt bij epilepsie en zenuwpijnen, maar het middel helpt ook (bij 70 procent van de vrouwen) tegen opvliegers en nachtzweten. Er zijn aanwijzingen dat ook cetrizine, een antihistaminicum dat gebruikt wordt bij allergieën en hooikoorts, effectief kan zijn tegen opvliegers, maar daar moet nog meer onderzoek naar worden gedaan.

Clonidine wordt voorgeschreven bij een hoge bloeddruk en lijkt daarnaast milde overgangssymptomen aan te pakken. Nadeel is wel dat het middel dus je bloeddruk verlaagt en daar kun je je weer beroerd door voelen.

In de VS is een techniek ontwikkeld die ook al in sommige Nederlandse ziekenhuizen wordt toegepast. Die is eigenlijk bedoeld voor pijnbestrijding, maar lijkt ook overgangsklachten te verhelpen. Door de pijnspecialist wordt met behulp van een echo een bepaalde zenuwknoop (*ganglion stellatum*) in je hals opgezocht. Deze zenuwknoop geeft informatie over de hormoonhuishouding door aan de hersenen. Door deze zenuwknoop te verdoven zou de kans op nachtzweten en opvliegers twee maanden lang behoorlijk verminderd zijn. Daarna zou de ingreep herhaald kunnen worden. Deze techniek bevindt zich nog in het experimentele stadium.

ANTIDEPRESSIVA

Ook sommige antidepressiva, de zogenoemde SSRI's (fluoxetine, paroxetine en venlafaxine) lijken overgangsklachten aan te pakken, met name stemmingswisselingen en opvliegers. Daarom worden deze middelen soms ook wel in een lichte dosis voorgeschreven aan vrouwen die borstkanker hebben of hebben gehad en daarom geen HRT mogen krijgen.

Ben je niet gediagnosticeerd als depressief maar heb je wel last van sombere buien, kom je 's morgens maar met moeite op gang, ben je moe en lusteloos? Dan zou je arts je geen antidepressivum moeten voorschrijven, maar eerst drie tot zes maanden HRT kunnen geven. HRT helpt in de meeste gevallen prima tegen stemmingswisselingen en somberte veroorzaakt door een oestrogeentekort. Blijf je je desondanks down voelen en niet lekker in je vel, dan kan vervolgens een kwart van de normale dosis fluoxetine erbij gegeven worden (20 mg in plaats van 80 mg). Dat kan net de scherpe randjes van je mineure stemmingen halen. Mocht dat ook niet werken, dan zal je arts je doorverwijzen naar de psycholoog of psychiater.

FYTO-OESTROGENEN

Zoals er vrouwen zijn die tijdens hun vruchtbare jaren geen pil willen gebruiken, zo zijn er ook vrouwen die tijdens de overgang geen hormonen willen slikken om hun klachten te minimaliseren. Zij geven de voorkeur aan een niet-hormonale behandeling. Bij de drogist en apotheek zijn zonder recept talloze middelen te koop met plantaardige bestanddelen die een zwakke oestrogene werking hebben, de zogenoemde fyto-oestrogenen. In het maag-darmkanaal worden deze plantaardige bestanddelen omgezet in oestrogeenachtige stoffen die zich kunnen binden aan lege oestrogeenreceptoren.

De belangrijkste fyto-oestrogenen - isoflavonen, lignanen en coumestanen - komen vooral voor in sojabonen, lijnzaad, granen, (peul)vruchten, groenten en planten als rode klaver en zilverkaars. Hoewel de werking ervan veel zwakker is dan die van lichaamseigen oestrogenen en er geen hard wetenschappelijk bewijs voor is, claimen veel vrouwen dat ze helpen bij milde opvliegers, nachtzweten en stemmingswisselingen.

Overigens kunnen ook fyto-oestrogenen bijwerkingen geven. Je kunt er hoofdpijn, misselijkheid en maag- en darmstoornissen van krijgen. Wees sowieso voorzichtig met het gebruik van supplementen met geconcentreerde soja-isoflavonen. Geconcentreerde soja vangt jodium uit het lichaam weg, waardoor je je vermoeid kunt gaan voelen. Jodium is een essentieel sporenelement, dat de schildklier nodig heeft om schildklierhormonen aan te maken die belangrijk zijn voor onder andere groei en stofwisseling. Vrouwen met een schildklierafwijking die daarvoor medicijnen krijgen, mogen daarom beslist geen fyto-oestrogenen uit soja gebruiken. En als je een hormoongevoelige borstkanker hebt of hebt gehad, worden álle fyto-oestrogenen afgeraden.

Wanneer je fyto-oestrogenen wilt gebruiken, laat je dan goed voorlichten door een overgangsconsulent of bij een menopauzepolikliniek. Zij kunnen je advies op maat geven en kennen de producten waarvan de kwaliteit en de werking zijn onderbouwd. Koop in ieder geval nooit iets via internet of in de winkel waarvan de veiligheid niet gegarandeerd is.

HOOFDSTUK 8

Vervroegd in de overgang

Sommige vrouwen hebben pech. Zij komen niet ergens tussen hun 45ste en 55ste jaar in de overgang, maar al eerder. Ongeveer één op de honderd vrouwen komt voor haar 40ste in de overgang; een op de duizend vrouwen voor haar 30ste. Dat kan het gevolg zijn van een ziekte of van een behandeling van een ziekte, zoals bestraling, chemotherapie en (preventieve) verwijdering van de eierstokken in het geval van kanker. Vrouwen kunnen ook zonder voorafgaande ziekte vervroegd in de overgang komen. Soms is er sprake van een erfelijke afwijking, maar bij het overgrote deel van deze vrouwen is er geen verklaring te vinden voor het feit dat hun eitjes voortijdig opraken.

Is het voor de meeste 45-plusvrouwen al niet makkelijk deze nieuwe fase te accepteren, voor jonge vrouwen betekent het vaak een klap in het gezicht. Want vervroegd in de overgang betekent niet alleen dat je eerder te maken krijgt met klachten als opvliegers, maar maakt ook vrijwel altijd de vervulling van een mogelijke kinderwens onmogelijk. Door een vroege overgang heb je bovendien een grotere kans op osteoporose en hart- en vaatziekten, en heb je een kortere levensverwachting. Om het risico daarop te minimaliseren zal je altijd worden aangeraden om samen met je arts te bespreken of je in aanmerking komt voor hormoontherapie (HRT).

Daarnaast moet je er mentaal mee leren dealen dat je versneld in de volgende levensfase komt, die van een oudere vrouw. En ouder worden, daar heeft bijna iedereen moeite mee.

TERMINOLOGIE

Wanneer je arts je vertelt dat je vervroegd in de overgang bent gekomen of dreigt te komen, kan hij verschillende medische termen hanteren. De meest gangbare term is: 'prematuur ovarieel falen' (POF). Prematuur betekent 'te vroeg', 'ovarieel' betekent 'van de eierstok', en 'falen' betekent, in deze context, 'ermee ophouden'.

Sinds een paar jaar wordt gepleit voor internationale uniformiteit in de terminologie en spreekt men liever van 'primaire ovariële insufficiëntie' (POI). De term 'insufficiëntie' betekent 'ontoereikendheid' en klinkt wat minder negatief en definitief dan 'falen'. In zeer zeldzame gevallen kunnen namelijk de eierstokken na verloop van tijd weer gaan functioneren.

Verder spreken gynaecologen en andere medisch specialisten ook wel van 'menopauze praecox' of 'climacterium praecox', wat vervroegde/voortijdige menopauze betekent.

Jolien (28)

Op mijn 17de stopte ik met de Diane-pil die ik al jaren slikte vanwege mijn acne. Na een halfjaar was ik nog niet ongesteld geworden. Mijn huisarts stelde me keer op keer gerust: mijn lichaam moest gewoon weer op gang komen. Toen trof ik een keer een invaller; die vond het wél nodig om me door te sturen naar het ziekenhuis. De gynaecoloog daar stelde wat vragen en liet bloed prikken om mijn hormoonwaarden vast te stellen. Toen ik bij hem terugkwam voor de uitslag, zei hij: 'Je zit nu voor je eindexamen, straks ga je in Amsterdam studeren. Ik stel voor dat je daar begint met het vervolgonderzoek.' Over mijn hormoonwaarden zei hij niks. Dat vond ik wel een wat ontwijkende reactie. Ik voelde dat er iets niet klopte, maar op dat moment had ik wel wat anders aan mijn hoofd.

Eenmaal in Amsterdam werd ik doorverwezen naar een gynaecoloog in het VU-ziekenhuis. De man bleek op de afdeling Voortplantingsgeneeskunde te zitten. Ik kreeg een akelig voorgevoel. Hij zei plompverloren: 'Je eicellen zijn op, je bent in de overgang, je zult nooit kinderen krijgen. De rest van je leven moet je aan de hormoonpillen.' Toen stond de wereld even stil. Ik was volkomen van de kaart.

Tot op dat moment had ik geen klachten, behalve dat ik niet ongesteld werd. En ik had opvliegers, hoewel ik die niet als zodanig had herkend. Ik kreeg het soms superheet. Daarvan raakte ik in paniek, waardoor ik ging hyperventileren. Mijn moeder, die toen zelf in de overgang was, herkende de symptomen. Zij had al eerder tegen de huisarts gezegd: 'Het lijkt wel of Jolien in de overgang is.'

Van die gynaecoloog moest ik aan de hormonen om het tekort aan te vullen. Mijn lichaam reageerde daar niet goed op. Ik werd misselijk en kreeg zweetaanvallen, stemmingswisselingen, hoofdpijn. Eigenlijk dus de gebruikelijke overgangsklachten.

Ik kreeg een andere hormoonpil. Die sloeg ook niet aan. Toen wéér een ander merk. Elke keer leek het even goed te gaan, maar dan sloeg mijn lijf weer op tilt. Zo sukkelde ik jaren voort. Normaal hou ik van nieuwe dingen. Ik hou van mensen, ik ben enthousiast en energiek. Maar nu kon ik het leven nog maar nauwelijks aan. Ik deed mijn studie en stages, maar daarnaast had ik nergens energie voor. Ik had altijd een gejaagd gevoel, en mijn stemmingen gingen alle kanten op. Mijn zintuigen waren overprikkeld. In het weekend ging ik niet uit, want ik was altijd moe. Met mijn vriendinnen kon ik er nauwelijks over praten; dit was voor hen een ver-van-hun-bed-show. Mijn vriend wist zich geen raad met mijn buien: ik kon heel boos zijn, heel verdrietig, huilen om niets. Bij mijn gynaecoloog kon ik niet terecht met deze klachten. Die keek alleen maar naar mijn hormoonwaarden. Dat die weer normaal waren door de hormoontherapie was het enige wat hij belangrijk vond. Ik heb ook nooit psychologische begeleiding gekregen en nauwelijks voorlichting over wat het betekent als je zo vroeg in de overgang komt. Het enige wat mijn dokter zei, was: 'Als je stopt met die pillen, ben je geen vrouw meer.'

Een halfjaar geleden besloot ik het over een andere boeg te gooien. Het was uit met mijn vriend; mijn stemmingswisselingen hadden onze relatie de kop gekost. Daarnaast had ik weinig energie en kreeg ik doorbraakbloedingen. Ik besloot met de pillen te stoppen. Ik voelde me al snel beter: het bloeden stopte, en emotioneel werd ik weer stabiel. Na drie maanden voelde ik dat ik tot rust was gekomen. Maar mijn dokter was het er niet mee eens en ik wist natuurlijk ook wel dat dit risico's met zich meebracht. Mijn

FSH was weer gestegen naar postmenopauzale waarden.
Omdat ik niet meer naar die dokter wilde, ben ik op internet gaan zoeken naar hulp. Zo kwam ik terecht bij een overgangspoli. Daar werd wél naar het hele plaatje gekeken, naar de héle Jolien. Ik hoorde voor het eerst uitgebreid over alle risico's: hart- en vaatziekten, botontkalking, een kortere levensverwachting. Maar er werd ook naar mij geluisterd, naar hoe ik mezelf was kwijtgeraakt. Er werd me gevraagd hoe het zat met mijn kinderwens. Ik had me er inmiddels bij neergelegd dat ik nooit kinderen zou krijgen. Misschien is dat wel het voordeel van op je 18ste al in de overgang te komen: dan is dat niet een prioriteit in je leven.

Op de overgangspoli wilden ze dat ik toch weer aan de hormonen zou gaan, te beginnen met een heel lage dosering. Helaas ging ook dat niet goed. Ik werd opnieuw misselijk en ik kreeg zo'n hoofdpijn dat ik alleen nog in bed kon liggen. Ik voelde me weer verdrietig en depressief.

Ik besloot ook met deze medicatie te stoppen. Op de poli vinden ze dat een risico, maar ze respecteren mijn besluit. Wel heb ik moeten beloven dat ik elke twee jaar laat checken hoe het met mijn botten en vaten staat.

Ik ben niet bang voor de toekomst, ik ben niet bang om voortijdig oud worden. Ik voel me ook helemaal niet oud. Wel is mijn behoefte aan seks tot het nulpunt gedaald. Vrijen gaat steeds moeizamer. Voor de rest ben ik alleen maar blij: ik steek weer goed in mijn vel, ben stabiel en energiek. Sinds kort heb ik zelfs mijn eigen bedrijfje; ik geef kinderpartijtjes en kinderkooklessen. Mijn vriend en ik zijn weer bij elkaar. Heel voorzichtig proberen we onze relatie weer op te bouwen. Hij accepteert dat er nooit kinderen zullen komen. Over een paar jaar worden we misschien wel samen pleegouders. Dat is het mooie van het hele verhaal: omdat ik straks niet mijn eigen gezinnetje zal stichten, kan ik voor kansarme kinderen misschien iets gaan betekenen.

Wat ik ook accepteer is dat ik waarschijnlijk niet oud zal worden. Ook dat vind ik niet erg. Ik ben zo blij dat ik na tien jaar weer naar mijn lijf durf te luisteren. Dat dat risico's met zich meebrengt, neem ik op de koop toe.

HOE WEET JE OF JE VERVROEGD IN DE OVERGANG BENT?

Er wordt gedacht aan een vervroegde overgang als de menstruatie voor het 40ste levensjaar stopt voor een periode van ten minste vier maanden, terwijl je daarvoor altijd normaal ongesteld bent geweest.

Als je gestopt bent met de pil en maar niet ongesteld wordt, kan het zijn dat je natuurlijke cyclus tijd nodig heeft om spontaan weer op gang te komen. Dit kan enkele maanden duren.

Ben je na een halfjaar nog steeds niet ongesteld geworden, ga dan naar je huisarts of gynaecoloog. Die zal een bloedtest laten doen om je hormoonwaarden vast te stellen. Worden bij minimaal twee achtereenvolgende bloedtesten verhoogde FSH- en LH-waarden (luteïniserend hormoon) gevonden en een lage oestrogeenwaarde, dan zal de diagnose POI worden gesteld.

Helaas kan een bloedtest (of zelfs twee bloedtesten) niet altijd uitsluitsel geven of het om een vervroegde overgang gaat. Het testen van de FSH-waarde is in de opstartende overgang een lastige zaak, omdat een bloedtest een momentopname is. Het hormoon oestrogeen wordt soms voldoende, soms onvoldoende door de eicellen geproduceerd. Daardoor is de FSH-waarde ook wisselend: soms normaal, soms (licht) verhoogd.

Kortom, zolang je nog menstrueert kunnen de hormoonwaarden behoorlijk schommelen. Komt er een normale waarde uit (onder de 10 U/L), dan kan dat betekenen dat de overgang nog niet in gang is gezet en moet er gezocht worden naar een andere oorzaak van je klachten.

Maar soms word je dus door een bloedtest op het verkeerde been gezet: ondanks de normale hormoonwaarden op het moment van de bloedtest is de overgang wél al gestart. Wil je elke twijfel uitsluiten, consulteer dan een verpleegkundig overgangsconsulent of een gespecialiseerde gynaecoloog die niet alleen aandacht besteedt aan je klachten, maar ook aan je levensloop en levensstijl. Zo'n gesprek kan veel meer informatie en inzicht opleveren dan een enkele bloedtest.

OORZAKEN

Wanneer je spontaan vervroegd in de overgang komt (dus niet naar aanleiding van een ziekte of (chemo)behandeling, waarbij de eierstokken beschadigd raken of worden verwijderd), is dit vrijwel altijd het gevolg van het feit dat de eierstokken voortijdig uitgeput raken. En dit komt weer doordat er een te kleine voorraad eitjes is aangelegd, of doordat de eicelvoorraad te snel wordt afgebroken, met als gevolg dat er te weinig oestrogeen en progesteron worden aangemaakt. Soms is het ook een combinatie van beide factoren. Helaas is dit proces niet te stoppen of te beïnvloeden.

Bij 15 procent van de vrouwen is deze aanleg erfelijk bepaald: ook hun moeders en oudere zussen kwamen niet zelden vervroegd in de overgang. Het zou goed zijn om de dochters van vrouwen met een vroege overgang op tijd te informeren. Zij hebben een sterk afnemende kans op een zwangerschap na hun 30ste jaar. Als het even kan, en als ze een sterke kinderwens hebben, zouden deze vrouwen dus eerder aan kinderen moeten beginnen.

Bij 70 procent van alle vrouwen die te vroeg in de overgang komen blijft de oorzaak onduidelijk; er is bij hen geen sprake van een erfelijke oorzaak, en ook niet van een ziekte of behandeling.

Je hebt ook een verhoogde kans op een vervroegde overgang wanneer je in het verleden chemotherapie hebt gehad; bij vrouwen die chemo krijgen rond hun 30ste jaar is die kans 1 op 1000, bij vrouwen van rond de 40 1 op 100.

ACUUT IN DE OVERGANG NA EIERSTOKKANKER

Bij vrouwen met eierstokkanker of vrouwen die daarop een verhoogd risico hebben, worden vaak de eierstokken verwijderd. Als dat gebeurt, stopt de menstruatie direct: je hele eicelvoorraad is met de eierstokken verdwenen. Er vindt dan vanzelfsprekend ook geen eisprong meer plaats en de hormoonproductie vanuit de eierstokken stopt abrupt. Je komt dan van het ene op het andere moment in de premature postmenopauze.

Eierstokkanker heeft een niet te onderschatten impact op je leven. De ziekte zelf is al enorm ingrijpend, maar ook het feit dat je plots in de overgang bent gekomen en geen kinderen (meer) zult krijgen, zal confronterend zijn. Het is lastig om stante pede de lichamelijke en emotionele reikwijdte van deze ingreep te overzien. Ook voor je omgeving is dit moeilijk te bevatten. Dat kan leiden tot gevoelens van onzekerheid en eenzaamheid, en vaak ook tot schaamte en verlies van gevoel van eigenwaarde: opeens voel je je een oude vrouw. Het besef dat je geen kinderen meer kunt krijgen, kan je boos en verdrietig maken. In het ziekenhuis waar je wordt behandeld en geopereerd zal, als het goed is, aan jou, eventueel samen met je partner, psychologische hulp worden geboden.

Alsof dat nog niet genoeg is, kunnen de lichamelijke gevolgen van deze acute overgang erg heftig zijn. Bij een natuurlijke overgang daalt de hoeveelheid hormonen geleidelijk gedurende een langere periode, die soms wel tien tot twaalf jaar duurt. Het lichaam krijgt dan de tijd om te wennen aan de nieuwe hormoonwaarden. Wanneer de eierstokken worden verwijderd, daalt de hoeveelheid hormonen in het bloed echter razendsnel doordat de aanmaak ervan abrupt stopt. Soms krijgen vrouwen al vlak na de operatie de eerste opvliegers.

Vrouwen bij wie de eierstokken zijn verwijderd en die geen borstkanker hebben gehad, mogen doorgaans HRT gebruiken. Als ze jonger zijn dan 45 jaar wordt hun dit zelfs sterk aangeraden.

FABELS EN FEITEN

Ook bij een vrouw met anorexia kan de menstruatie uitblijven. Daardoor kan de indruk ontstaan dat ze in de overgang is gekomen. Dit is echter niet het geval: bij anorexiapatiënten blijft de FSH-waarde normaal. Wel hebben ze net als vroege overgangsters een verhoogde kans op osteoporose en hart- en vaatziekten.

Een ander misverstand is dat je na een sterilisatie in de overgang zou komen. Dat is niet waar: bij een sterilisatie worden je eileiders afgesloten waardoor de zaadcellen niet meer bij het eitje kunnen komen. Zolang je nog je eierstokken hebt en er elke maand een eisprong plaatsvindt, is er niks aan de hand.

Ook door het verwijderen van de baarmoeder kom je niet direct in de overgang, tenzij ook beide eierstokken worden weggehaald. Wel kan de doorbloeding van de eierstokken afnemen. Daardoor gaat de kwaliteit van de eicellen sneller achteruit en kun je eerder overgangsklachten krijgen.

KLACHTEN EN ANGSTEN

De klachten bij een vervroegde overgang zijn dezelfde als die van vrouwen die op de gebruikelijke leeftijd in de overgang komen. Ook nu is er sprake van enkele jaren waarin de productie van de hormonen oestrogeen en progesteron in de eierstokken gaandeweg vermindert. In deze fase ben je vaak nog gewoon ongesteld, hoewel je cyclus wel onregelmatig wordt door schommelende hormoonwaarden. De bloedingen kunnen heftiger worden of juist afnemen. Maar omdat je nog zo jong bent, denk je misschien niet één-twee-drie aan de overgang.

Sommige psychische veranderingen kunnen daarop wijzen, zeker als daarnaast je cyclus onregelmatiger wordt. Misschien krijg je slaapproblemen, heb je stemmingswisselingen of onverklaarbare huilbuien. Je kunt je somber, opgejaagd en moe voelen. Je zou echter de eerste niet zijn die deze klachten wegdrukt: iedereen is immers in deze drukke levensfase wel eens moe, prikkelbaar of lusteloos. Misschien ben je wél alert. Heb je een moeder, zus of vriendin die vroeg in de overgang is gekomen en herken je de klachten. Helaas worden vrouwen die met emotionele klachten aankloppen bij hun huisarts al snel gelabeld als 'stresskip', 'burned out' of 'depressief'. Nogmaals: het is ook niet makkelijk om de oorzaak vast te stellen. Al deze klachten komen niet bij alle vrouwen in de overgang voor en ze hoeven ook niet per definitie op de overgang te wijzen. Ze kunnen ook het gevolg zijn van toegenomen PMS-klachten of van overbelasting.

Vrouwen met POI lijden daar emotioneel vaak erg onder. In je vriendinnenkring ben je meestal de enige die in deze fase zit en bijna niemand heeft zin om zich daarin te verdiepen. Vaak voelen jonge vrouwen (en mannen niet te vergeten!) tegenzin om over de overgang te praten; dat is iets voor 'oude wijven' en een ver-van-mijn-bedshow. Erkenning en herkenning blijven daardoor uit.

Jonge overgangsters zitten met allerlei vragen en angsten waar ze niet altijd een antwoord op krijgen. Ze kunnen bang zijn voor een vroegtijdig verouderingsproces: krijg ik nu eerder rimpels, zal mijn huid verzakken, wordt mijn haar slap en futloos? Heb ik nu ook eerder kans op botontkalking? Loop ik een groter risico op hart- en vaatziekten? Word ik misschien al vroeg dement?

GEVOLGEN OP DE LANGERE TERMIJN

Uit onderzoek blijkt dat een vervroegde overgang samenhangt met een vergrote kans op voortijdige dementie. Ook hier is de daling van de hoeveelheid oestrogeen de boosdoener: een afname van vrouwelijke hormonen zorgt voor een stapeling van eiwitten in de hersenen waardoor alzheimer kan ontstaan. Ook de kwaliteit van hart en vaten verslechtert door de oestrogeenafname. De kans op sterfte aan een cardiovasculaire ziekte neemt daardoor toe.

Bij vrouwen met een heel vroege overgang (voor het 25ste levensjaar) kan het hormoonverlies tot ernstige gevolgen leiden voor de piekbotmassa. Tussen het 20ste en 30ste levensjaar bereiken de botten namelijk hun maximale dichtheid, maar dat opbouwproces wordt door de voortijdige afname van hormonen verstoord. Het kan daarnaast leiden tot versnelde afbraak van de botten bij vrouwen na het 30ste levensjaar.

Al deze factoren - dementie, hart- en vaatziekten, osteoporose - vergroten de kans op een kortere levensverwachting.

BEHANDELING: HORMOONTHERAPIE OF ANTICONCEPTIEPIL?

HRT stopt of vertraagt de gevolgen van een vervroegde overgang. Daarom wordt hormoonsuppletie sterk aangeraden aan jonge overgangsters die geen kinderwens (meer) hebben. Heb je het idee dat je huisarts hier te weinig van weet of afwijzend staat tegenover HRT, sta er dan op dat je doorverwezen wordt naar een gynaecoloog die gespecialiseerd is in de vervroegde overgang.

Wat je mist zijn de lichaamseigen hormonen 17-bèta-oestradiol (oestrogeen) en progesteron omdat deze stofjes niet of nauwelijks meer worden aangemaakt in de eierstokken. Het hormoon 17-bèta-oestradiol kan op verschillende manieren worden toegediend, bijvoorbeeld door middel van een pleister via de huid, omdat je dan een lagere dosis nodig hebt dan wanneer je het als pilletje inneemt. Hoe lager de dosis, hoe kleiner de kans op bijwerkingen. Zo'n pleister moet je wel combineren met een (vaginale of orale) pil waarin progesteron zit, om de opbouw van baarmoederweefsel tegen te gaan. Je kunt ook een Mirena-spiraal laten plaatsen; die geeft eveneens progesteron af. Je bent dan meteen beschermd tegen een eventuele zwangerschap.

Er bestaat ook HRT die oestradiol en progesteron combineert in een pilletje. Is je baarmoeder verwijderd, dan volstaat een preparaat met alleen oestrogeen.

Wil je eveneens voorkomen dat je zwanger wordt – als je vervroegd in de overgang bent heb je nog steeds 5 tot 10 procent kans om zwanger te raken zolang er nog af en toe een eisprong plaatsvindt! –, dan kun je ook een anticonceptiepil met oestradiol slikken die meteen je overgangsklachten bestrijdt, zoals de Zoely of Qlaira. Beide pillen bevatten naast oestradiol ook progestageen. Deze hormonen zorgen tezamen dat een eventuele eisprong voorkomen wordt, dat het baarmoederslijmvlies dun blijft en het slijm in de baarmoedermond taai is. Progestageen is een synthetisch hormoon en wordt door de lever veel langzamer afgebroken dan natuurlijk progesteron, en dat is voor een anticonceptiemiddel precies de bedoeling.

Helaas zijn HRT en anticonceptiepillen niet weggelegd voor vrouwen die hormoongevoelige borstkanker hebben gehad en die vervroegd in overgang zijn gekomen door bestraling, chemotherapie of doordat ze antihormonen slikken. Samen met hun arts of verpleegkundig overgangsconsulent zullen ze naar alternatieven moeten zoeken.

KINDERWENS

Ben je vervroegd in de overgang en heb je nog een diepe kinderwens? Gebruik dan géén HRT. Doordat je nog maar weinig goede eicellen hebt, daalt het oestrogeenniveau en wordt het FSH verhoogd. Deze extra uitstoot van FSH kan er met een beetje geluk voor zorgen dat een nog aanwezige fitte eicel verder rijpt en dat er toch nog een eisprong plaatsvindt. Met hormoontherapie onderdruk je de FSH-afgifte en verklein je dus de kans op zwangerschap.

Weet je al op jonge leeftijd dat de kans op een vervroegde overgang bij jou aanwezig is vanwege een ziekte of erfelijke factoren, dan kun je overwegen tijdig eicellen te laten invriezen en deze te gebruiken op het moment dat je zwanger wilt worden. De kans om zwanger te raken is echter met deze methode nog steeds heel klein.

Eiceldonatie geeft een grotere kans op zwangerschap; met een eitje van een andere vrouw dat bevrucht is met het zaad van jouw partner of een donor kun je een zwangerschap uitdragen en normaal bevallen, ook al ben je in de overgang. In Nederland kan eiceldonatie alleen met een eiceldonor die niet uit financiële overwegingen haar eitjes afstaat, want commerciële eiceldonatie is in Nederland verboden. Veel vrouwen wijken daarom uit naar het buitenland voor een eiceldonor.

Lieve (42)
Na de geboorte van Paul, vier jaar geleden, begon het zweten 's nachts. Eerst weet ik dat aan het ontzwangeren. Toen het aanhield, dacht ik dat het misschien aan onze traagschuimmatrassen lag. Matrassen de deur uit, nieuwe gekocht, maar nog steeds werd ik elke nacht bezweet wakker. Ik begon ook steeds slechter te slapen. Mijn zoontje sliep allang door, maar ik lag elke nacht van twee tot halfzes wakker.

Of het nou door die slechte nachten kwam of niet, ik zat niet goed in mijn vel. Ik was niet depressief of zo, maar het leven vond ik niet leuk. Ik ben altijd een opgeruimd type geweest. Nu veranderde ik in een klagerig mens met een kort lontje. Mijn zoontje is best temperamentvol en druk, en ik kon dat nauwelijks aan. Ik had enorme aanvaringen met hem. Ik kon mezelf zo opdraaien dat mijn man zei: 'Nou, nou, Lieve, dim eens een beetje. Jij bent de volwassene.'

Seksueel ging het ook bergafwaarts. Nu had ik sowieso niet zoveel seksuele energie. Als ik dat vergelijk met die van sommige vriendinnen... Maar mijn libido daalde nu echt tot het nulpunt. Dat vind ik echt een ding. Niet voor mezelf, maar wel voor mijn man. Hij verdient gewoon beter. Gelukkig heeft hij er nooit een punt van gemaakt. Hij zegt altijd: 'Ik ben gek op jou zoals je bent.' Maar ik durf dat bijna niet te geloven. Ik heb altijd het gevoel dat ik hem tekortdoe. Eerst ben ik alleen naar de seksuoloog geweest, daarna gingen we samen. Je leert wat trucjes, maar het haalt allemaal niet zoveel uit. Meer zin kreeg ik er niet van.

Op een gegeven moment kreeg ik ook opvliegers. Van mijn tenen tot aan mijn kruin voelde ik ze komen. Opeens schoot me door mijn hoofd: ik zal toch niet in de overgang zijn?

Ik kon het me herinneren van mijn moeder. Dat ze dan opeens haar kleren uittrok en uitriep: 'Het is hier snikheet!' Dan stond het zweet op haar voorhoofd. Ik was toen een jaar of twaalf, dertien. Ik ging eens terugrekenen: ze moet toen rond de 40 zijn geweest. Ik heb het haar gevraagd, maar ze is aan het dementeren en weet het niet zo precies meer.

Bij de huisarts vroeg ik om een onderzoek. Hij vond het onzin. Hij zei: 'Dan weet je straks dat je in de overgang bent, en wat dan? Weet je wel wat dat behelst? Dan ben je oud. Dan zijn je eitjes dood.' Een raar, onprettig gesprek.

Zijn collega, een vrouw, was ook niet erg toeschietelijk. Die gaf me het gevoel dat ik me aanstelde. Uiteindelijk kreeg ik een bloedtest. Daaruit bleek een FSH-waarde van tegen de 80. Tja, toen konden ze er niet meer omheen. Die waarde wees erop dat ik dik in de overgang was. Ik heb het Mirena-spiraaltje, dus ik werd al nooit meer ongesteld, maar de overgangsconsulente die ik raadpleegde vermoedde op grond van die waarde dat de overgang al jaren gaande was.

Toen ik het hoorde was mijn eerste gedachte: nu hoor ik bij de oude vrouwen. Daar werd ik heel verdrietig van. Gelukkig had ik geen kinderwens meer: ik heb al een stiefdochter en een zoon. Anders is het wel heel wrang. Mijn man reageerde lief en zei dat het hem niks uitmaakte. Met vriendinnen is dit een lastig onderwerp. Zij zitten nog in een heel andere fase. Twee van hen zijn op hun 43ste nog zwanger geworden.

Ik vertelde de overgangsconsulente over mijn moeder. Ze is 73 jaar, en al tien jaar geleden dacht ik: er is iets raars met haar aan de hand. Ze was altijd heel schoon en opgeruimd, maar ineens werd haar huis rommelig en smoezelig. Ze was ook gedeprimeerd en raakte in de war. Nam ze opeens de verkeerde tram naar ons huis, terwijl ze altijd de weg op haar duimpje kende. Mijn vader – die nota bene huisarts is – en mijn broers wilden het eerst niet geloven, maar inmiddels is officieel vastgesteld dat ze aan dementie lijdt. Het wordt steeds erger. Ze kan geen moment meer alleen zijn: drie dagen per week gaat ze naar de opvang. Ze heeft ook osteoporose, waardoor ze snel iets breekt. Toen de consulente dat allemaal hoorde, stuurde ze me meteen door naar de gynaecoloog voor hormoontherapie. 'Jij moet beschermd worden,' zei ze.

De gynaecoloog heeft me inderdaad hormonen voorgeschreven. Die moeten beschermen tegen botafbraak en hart- en vaatziekten. Overigens vindt mijn gynaecoloog niet dat ik extreem vroeg in de overgang ben. Ja, ik ben aan de vroege kant, zegt ze, maar de range is tussen de 40 en 60 jaar. Waar ik wel van schrok is dat ze vertelde dat mijn levensverwachting tien jaar korter is dan gemiddeld. De hormoontherapie beschermt me gelukkig ook tegen dat versnelde verouderingsproces.

Sinds een paar maanden slik ik die pillen. Hoewel, met de Femoston ben ik weer gestopt: Daar kreeg ik zweetaanvallen van. Wel heb ik een nieuw spiraaltje gekregen, gecombineerd met een pilletje Progynova.

Al met al merk ik verschil. Ik voel me minder opgejaagd in mijn lijf en in mijn hoofd. Meer in balans. Ik probeer het nu gewoon te accepteren. Met het ouder worden, met mijn rimpeltjes heb ik niet zo'n moeite. Wel vind ik het niet leuk dat ik wat dikker word. Daarom probeer ik zo gezond mogelijk te leven. Het grootste wonder: ik slaap weer de hele nacht door. Vier jaar lang heb ik wakker gelegen, nu slaap ik weer als een roos.

HOOFDSTUK 9

In de overgang als gevolg van kanker

Als je kanker krijgt, kun je vervroegd of versneld in de overgang komen. De ziekte zelf zet dat proces overigens niet in werking, maar wel de behandelingen die de kanker bestrijden: soms moeten de eierstokken verwijderd worden of ze worden beschadigd door chemokuren en bestralingen.

Marte (39)
Op mijn 36ste kreeg ik borstkanker. Een vrij zeldzame variant: snel delend, eiwitgevoelig en hormoongevoelig. Omdat ik nog zo jong was moest ik alle behandelingen ondergaan die ze beschikbaar hadden: een borstsparende operatie, zes weken dagelijkse bestraling, zestien chemokuren, immunotherapie en antihormoontherapie. Ze vertelden me dat de chemo tijdelijk mijn cyclus plat zou leggen. Dat klopte: na de tweede chemo stopte mijn menstruatie en startten de opvliegers, een stuk of vijf tot tien per dag. En begon het slechte slapen. Vervelend, maar op dat moment had ik wel iets anders aan mijn hoofd: alle kankercellen uit mijn lijf, beter worden, overleven.

Toen ik aan de antihormoontherapie moest beginnen wees de oncoloog me erop dat ik nog minimaal vijf jaar in de overgang zou blijven. Ze zei ook:

'Elke vrouw reageert anders, misschien valt het bij jou wel mee. En ach, op dat moment was dat zo relatief. Ik had al zoveel shit achter de rug dat het me niet zoveel kon schelen.

BORSTKANKER

Een vervroegde of versnelde overgang ten gevolge van de behandeling komt het meest voor bij borstkankerpatiënten, en wel om verschillende redenen. Ten eerste is borstkanker een ziekte die relatief vaak jongere vrouwen treft die nog vruchtbaar zijn. Andere soorten kanker komen voornamelijk voor bij oudere mensen. Ten tweede: van borstkanker geneest tegenwoordig 80 procent van de patiënten. Voor hen is er dus leven na de ziekte (veel andere soorten kanker hebben een veel lager overlevingspercentage).

Ten derde is borstkanker vaak hormoongerelateerd. Dat betekent dat de hormonen oestrogeen en progesteron als brandstof dienen voor de kankercellen. Daarom moet de productie van deze stofjes worden uitgeschakeld. Antihormoontherapie die gegeven wordt aan vrouwen met hormoongevoelige borstkanker, legt de aanmaak van het vrouwelijke hormoon oestrogeen in de eierstokken en het vetweefsel stil, met als gevolg dat er niet meer elke maand een eitje tot rijping komt en je niet meer menstrueert, en dus (tijdelijk) onvruchtbaar wordt.

Behandeling van baarmoeder- of ovariumkanker kan in principe ook tot vervroegde overgang leiden, maar die ziekten komen vooral voor op oudere leeftijd, bij vrouwen boven de 55 jaar. Bij hen worden dan altijd de baarmoeder en beide eierstokken verwijderd. Wanneer je eierstokkanker krijgt op jonge leeftijd en je graag nog kinderen wilt, kan soms een eierstok blijven zitten. Ook darm- of een ander soort kanker waarbij het bekkengebied wordt bestraald, kan in zeldzame gevallen tot een vervroegde overgang leiden, wanneer de eierstokken beschadigd raken en niet meer functioneren. Soms moeten bij darmkanker de eierstokken worden verwijderd, omdat de kanker erin of er te dichtbij zit.

Alle mensen die kanker krijgen en daarvoor worden behandeld gaan door een zware tijd, zowel lichamelijk als emotioneel. Voor jonge vrouwen komt daar nog eens bij dat ze in één klap in de postmenopauze terechtkomen. De kwaliteit van leven, relaties en de seksuele beleving kunnen onder druk komen te staan. Ook zien sommige vrouwen een kinderwens in rook opgaan.

Marte (39)
Ik vind het een onwerkelijke ervaring, die hele overgang. Een lichaam in de menopauze maakt zich klaar voor een nieuwe levensfase, een periode waarin je langzaam gas terugneemt. Maar dat past absoluut niet bij wat er in mijn 39-jarige hoofd gebeurt. Ik zit vol plannen en ambities, na de kanker misschien wel meer dan ooit. Ik weet donders goed hoe kwetsbaar het leven is, en wil er daarom alles uit halen wat erin zit.

Helaas denkt mijn lijf daar af en toe anders over. Als ik weer eens stijf en met overal pijntjes wakker word bijvoorbeeld, of als blijkt dat glijmiddel alleen niet genoeg is om zin in seks op te wekken. Het is een schizofrene bedoening. Alsof ik in een tijdmachine ben gestapt die verkeerd stond afgesteld. Mijn geest is in het hier en nu, terwijl mijn lijf al ergens in 2029 rondwaart.

BRCA-GEN

De kans dat je borstkanker krijgt is gemiddeld 11 procent. Hoe meer oestrogeen je tijdens je leven produceert, hoe groter de kans op borstkanker. Bij vrouwen die vroeg ongesteld worden (voor hun 12de jaar) en/of laat in de overgang komen (na hun 55ste jaar) neemt daardoor de kans iets toe. De kans neemt af naarmate je meer kinderen krijgt en langer borstvoeding geeft.

Daarnaast speelt ook nog familiaire aanleg een rol. Ongeveer 5 tot 10 procent van alle gevallen van borst- en eierstokkanker wordt veroorzaakt door een erfelijke aanleg.

In de jaren negentig werden twee genen ontdekt die een rol spelen bij erfelijke borst- en eierstokkanker. Door mutaties in deze genen kunnen deze ziekten ontstaan. De genen worden BRCA1 en BRCA2 genoemd. BRCA is de afkorting van *Breast cancer*. Elk kind van een vader of moeder die drager is van deze genmutatie, heeft 50 procent kans zelf drager te zijn.

De draagsters van deze genen hebben een heel grote kans – 60 tot 80 procent – op borstkanker voor hun 70ste verjaardag. Vrouwen met een BRCA1- of BRCA2-genmutatie hebben ook een verhoogde kans op eierstokkanker. Voor vrouwen met een mutatie in BRCA1 is dat 30 tot 60 procent; voor vrouwen met BRCA2-genmutatie 5 tot 20 procent. (Ter vergelijking: voor vrouwen zonder erfelijke aanleg is dat 1 procent).

Komt er in je familie vaker borstkanker voor? Heb jijzelf of een familielid borst- en/of eierstokkanker gekregen voor je 50ste? Of heb jij of een familielid borstkanker in beide borsten? Dat alles kan een aanwijzing zijn dat je drager bent van BRCA1 of BRCA2. Genetisch onderzoek moet dat uitwijzen. Wanneer daaruit blijkt dat je drager bent, zul je vaker op borstkanker worden gescreend door middel van een MRI-scan, een mammografie of lichamelijk onderzoek. Sommige vrouwen – de bekendste is wel Angelina Jolie – besluiten om preventief hun borsten, eierstokken en eileiders te laten verwijderen om de kans op kanker zo veel mogelijk te reduceren. Het is het best om dit te doen voordat het risico toeneemt. Bij BRCA1-mutatiedraagsters is dat rond de leeftijd van 35 tot 40 jaar, bij BRCA2-mutatiedraagsters rond de leeftijd van 40 tot 45 jaar. De kans op borst- en/of eierstokkanker wordt daarmee ongeveer 1 tot 2 procent en verdwijnt dus niet helemaal.

Door deze ingreep, waarbij de eierstokken worden verwijderd, word je onvruchtbaar en raak je abrupt in de postmenopauze.

ANTIHORMOONTHERAPIE

Een groot deel van alle soorten borstkanker is hormoongevoelig. Bij jonge vrouwen ligt het percentage op 70 procent, bij vrouwen in de overgang is het percentage zelfs nog hoger. Bij hormoongevoelige borstkanker zitten op de kankercellen oestrogeen- of progesteronreceptoren. Die receptoren 'vangen' uit de bloedbaan oestrogeen dan wel progesteron. Onder invloed van die hormonen gaan de kankercellen (extra hard) groeien.

Bij vrouwen met hormoongevoelige borstkanker moet de oestrogeenproductie worden stilgelegd voor ten minste vijf jaar (elk jaar halveert de kans op terugkeer van de kanker). Momenteel wordt overwogen om zelfs langer dan vijf jaar antihormonen voor te schrijven. Daarmee moet worden voorkomen dat eventueel overgebleven kankercellen zich weer vermenigvuldigen en verspreiden. Bij jonge vrouwen wordt de oestrogeenproductie platgelegd door de eierstokken te verwijderen of tijdelijk stil te leggen. Dat gebeurt met injecties met medicijnen die ervoor zorgen dat de eierstokken geen seintje meer uit de hersenen krijgen om hormonen aan te maken. Daarnaast moet er ook nog vijf jaar lang een anti-oestrogeen worden geslikt, bijvoorbeeld tamoxifen.

Wanneer je na die vijf jaar mag stoppen met de medicatie kan de hormoonproductie in het lichaam weer op gang komen en kun je weer vruchtbaar worden. Als je een heel sterke kinderwens hebt en bovendien haast, kan in samenspraak met de arts (*shared decision making* heet dat in artsenkringen) worden besloten de antihormoonbehandeling na drie jaar te staken, zodat er weer een eisprong kan plaatsvinden en je zwanger zou kunnen raken. De kans dat de borstkanker te zijner tijd terugkomt, is in dat geval misschien iets groter, maar sommige stellen nemen dat risico voor lief. Nadat het kindje is geboren, wordt de hormoonbehandeling hervat. Er zijn ook vrouwen die zo bang zijn dat de borstkanker terugkomt dat ze het niet aandurven om de behandeling te onderbreken.

Bij oudere vrouwen die al in de overgang zijn, hoeven de eierstokken niet meer te worden stilgelegd. Maar ook deze vrouwen maken nog kleine hoeveelheden oestrogeen aan. Dat gebeurt voornamelijk in het vetweefsel, waar mannelijke hormonen worden omgezet in het vrouwelijke hormoon met behulp van het enzym aromatase. Bij hen moet dat enzym worden uitgeschakeld. Zij krijgen doorgaans twee à drie jaar tamoxifen en vervolgens drie à twee jaar een aromataseremmer voorgeschreven. Die combinatie blijkt tot nu toe het meest effectief.

Judith (56)
Midden in de nacht word ik wakker. Bloedheet. Het slaapkamerraam staat open en buiten is het -4 graden. Ik gooi het dekbed van me af en laat de kilte (o, heerlijke koelte) over me heen komen, val weer in slaap, word wakker van de ijzige kou, trek het dekbed over me heen en sluimer door. Weer wakker. Klam-vochtig warm. Wég met dat dekbed. Ik doezel en word opnieuw wakker. Intussen droom ik heftig. Maar dat hoeft natuurlijk niets met die opvliegers te maken te hebben.

Zo is de winter. Ik weet niet of de zomernachten minder erg zijn. Dan staat er een enorme ventilator naast mijn bed te draaien. En word ik alsnog ten minste vijftien keer per nacht wakker van de kokende warmte in mijn lijf. Nu heb ik het alleen over de opvliegers van de nacht. Die van overdag zijn ook vervelend, maar daar maak ik makkelijker grappen over. 's Nachts, alleen in het donker, laat ik het zo zeggen: daar wordt een mens niet blijer van.

Ik slik sinds twee jaar tamoxifen. Omdat ik twee jaar geleden borstkanker had. Elke ochtend word ik badend in het zweet wakker. Ik blijf altijd even rustig liggen afkoelen voor ik het tamoxifen-pilletje uit het stripje druk en doorslik en aan de dag begin. En dan denk ik: maar ik heb lekker géén borstkanker.

KANKER, OVERGANG EN KINDERWENS

Als ontdekt wordt dat je kanker hebt, zullen artsen zo snel mogelijk met de behandeling willen starten. Maar als je nog jong bent en heel graag kinderen wilt, zullen ze zeker met je meedenken of en hoe die wens eventueel nog vervuld kan worden. Vrouwen met een vaste partner krijgen wel eens met spoed een IVF-behandeling, waarna de embryo's worden ingevroren totdat hopelijk het moment aanbreekt dat de dokters groen licht geven voor een zwangerschap. Dan worden de embryo's ontdooid en in de baarmoeder geplaatst.

Vrouwen zonder vaste partner kunnen hun eitjes laten invriezen. Eicelpreservatie heet dat. Daarbij onderga je voor een deel dezelfde behandeling als bij IVF: de eierstokken worden met behulp van hormonen aangespoord een flink aantal eitjes te laten rijpen. Die worden vervolgens 'weggevangen' en ingevroren, tot het moment dat je een zwangerschap aankunt en de eitjes bevrucht kunnen worden. Soms wordt er ook een stukje van je eierstok - met daarop onrijpe eicellen - ingevroren tot het moment daar is om de eicellen te laten rijpen en te laten bevruchten en de embryo's te plaatsen in de baarmoeder.

De procedure van IVF of eicelpreservatie duurt minstens een paar weken. Soms is die tijd er gewoon niet. Er zijn agressieve soorten kanker waarbij op de dag van de diagnose al wordt begonnen met de behandeling. Het dilemma draait dan om leven of dood, niet om wel of geen kinderen.

Bestraling en chemotherapie kunnen je onvruchtbaar maken. Of dit definitief is of tijdelijk, hangt van de leeftijd af waarop je deze behandelingen ondergaat. Hoe jonger je bent, hoe groter de kans dat je op een dag weer gaat menstrueren. Als je onder de 30 bent, zullen je eierstokken zich vrijwel zeker weer herstellen. Boven de 30 jaar neemt de kans dat je in de overgang blijft gestaag toe. Vuistregel is dat door chemotherapie je eierstokken zo'n vijf tot tien jaar ouder worden. Dus reken maar uit: als je 40 bent wanneer je de eerste chemokuren krijgt is de kans behoorlijk klein dat je op den duur weer ongesteld wordt. Bovendien is de kans groot dat als je borstkanker hebt, je antihormonen moet slikken. Zwanger worden is dan vrijwel onmogelijk. Bovendien is deze hormoonbehandeling niet veilig voor de vrucht.

Marte (39)
Ik heb geen kinderen en ik zal ze ook nooit krijgen. Dat is de harde werkelijkheid waar ik na alle kankerbehandelingen mee te maken heb. Chemotherapie is funest voor je eicellen, wist ik van een artikel dat ik er jaren eerder nota bene zelf over had geschreven. Vrouwen die chemo hebben gehad worden moeilijker zwanger en komen vijf tot tien jaar eerder in de overgang. Als je daarnaast, zoals ik, ook nog antihormoonbehandelingen krijgt, kun je meestal helemaal een streep door een eventuele kinderwens zetten.

Kortom, een baby zit er voor mij niet meer in. En dat voelt raar, ook al heb ik nooit een sterke aandrang gehad om moeder te worden. Het is toch heel wat anders om zelf te besluiten dat je (nu nog) niet zo nodig een kleintje hoeft, of dat een dokter zegt dat je niets meer te kiezen hebt. De mogelijkheid om over mijn toekomst en die van mijn potentiële gezin te beslissen is me hardhandig ontnomen. Nog steeds kan ik daar af en toe heel boos om zijn. En verdrietig. Alsof kanker op je 36ste nog niet genoeg is.

SEKSUELE GEVOLGEN

Steeds meer mensen genezen tegenwoordig van kanker. De hoop is zelfs dat binnen een jaar of twintig sommige kankers, waaronder borstkanker, niet meer levensbedreigend, maar een chronische ziekte zijn geworden.

Voor al deze overleveraars en hun behandelaars is de grote vraag: kun je echt volledig genezen van kanker? Of is de kans groot dat je er chronische kwalen en klachten aan overhoudt? Raken lichaam en geest op een of andere manier toch blijvend beschadigd?

Uit een recente (2015) overzichtsstudie uit de VS blijkt dat een groot deel van de vrouwen die kanker heeft overleefd, er seksuele problemen aan overhoudt. Dat geldt voor vrouwen met alle soorten kanker, maar in het bijzonder voor vrouwen die borstkanker of gynaecologische kanker hebben gehad. Van de vrouwen met borstkanker rapporteert 33 tot 77 procent dat ze moeite hebben met opgewonden raken en klaarkomen, en dat ze pijn ervaren bij het vrijen. Bij 64 procent is de zin in seks sterk gedaald. Vrouwen bij wie een borst was afgezet, gaven significant vaker aan dan vrouwen die hun borst hadden behouden, dat ze moeite hadden om opgewonden te raken en klaar te komen.

Bij vrouwen met eierstok- of baarmoederkanker heeft ruim de helft problemen met seks. Bij 40 procent is de lust verdwenen. En 25 tot 50 procent klaagt over pijn bij het vrijen.

Seksuele problemen na kankerbehandeling kunnen verschillende lichamelijke, psychische, hormonale en relationele oorzaken hebben, die elkaar ook nog eens kunnen versterken. Door lage oestrogeenspiegels kun je vaginale atrofie (een dunne, droge, minder elastische vaginabekleding) hebben ontwikkeld, wat penetratie pijnlijk maakt. Door de chemo kunnen vagina- en vulvaweefsel sneller ontstoken raken en daardoor zo gevoelig worden dat gemeenschap bijna niet mogelijk is. Bestraling maakt je borsten enerzijds pijnlijker en anderzijds minder gevoelig voor erotische aanrakingen.

BEHANDELING VAN JE KLACHTEN

Omdat elke vrouw anders reageert, kan geen dokter voorspellen hoe de overgang bij jou zal uitpakken. Hij kan je daar dus niet op voorbereiden, en helaas is het nog geen gewoonte om bij nacontroles ex-kankerpatiënten te vragen naar hun algehele welbevinden. Gevoelige zaken die niet op zijn terrein liggen, zoals vaginale droogheid of seksuele klachten, vindt de oncoloog vaak moeilijk om bespreekbaar te maken, zeker als de patiënte niet aangeeft dat ze er last van heeft. Veel vrouwen blijven daardoor in hun eentje tobben over zaken waarvoor misschien best een oplossing te vinden is. Een kwart tot de helft (verschillende onderzoeken melden verschillende percentages) van de vrouwen stopt zelfs met de antihormoontherapie vanwege de bijwerkingen; ze vinden het middel erger dan de kwaal en nemen het (geringe) risico op terugkeer van de kanker op de koop toe.

Zet je daarom toch over je schroom heen en bespreek je klachten met je oncoloog, die er immers alles aan wil doen om je ertoe te bewegen de therapie af te maken. Hij kan je misschien een ander type antihormoon voorschrijven, waarop je wellicht beter reageert. Als jij bijvoorbeeld altijd goed tamoxifen hebt verdragen, maar gewrichtspijnen en stijve spieren krijgt van aromataseremmers, kan hij je weer aan de tamoxifen zetten. Dan is de behandeling misschien iets minder effectief, maar blijf je in ieder geval 'therapietrouw'.

Afhankelijk van de klachten kun je worden doorverwezen naar een gynaecoloog, seksuoloog, psycholoog, fysiotherapeut, bekkenbodemtherapeut, relatietherapeut of overgangsconsulent. Zeker de laatste zal ruim de tijd nemen om naar je klachten te luisteren en om, eventueel in overleg met andere deskundigen, er een oplossing voor te vinden. Soms zijn er medicijnen voorhanden om bijvoorbeeld je opvliegers te bestrijden, soms helpen lifestyleadviezen of cognitieve gedragstherapie.

Eén ding is zeker: wanneer je antihormonen gebruikt is HRT niet het aangewezen middel om je overgangsklachten te bestrijden. Bij HRT krijg je immers oestrogeen en progesteron toegediend, terwijl die stofjes juist moeten worden uitgeschakeld. Ook vrouwen die borstkanker hebben gehad die niet-hormoongevoelig was, mogen doorgaans geen HRT volgen. Er blijft namelijk een kleine kans bestaan dat er onder invloed van hormonen kankercellen zullen gaan groeien. Bij vaginale droogte en atrofie kan eventueel een niet-hormonale vochtinbrengende crème (vaak op basis van hyaluronzuur) en glijmiddel worden voorgeschreven. Soms zelfs een kortdurende oestrogeencrème, maar dit zal altijd gebeuren in nauw overleg tussen oncoloog en gynaecoloog.

Vrouwen die antihormonen krijgen vanwege hun borstkanker, kunnen osteoporose krijgen. Bij vrouwen bij wie de eierstokken zijn verwijderd of stilgelegd, neemt de botdichtheid de eerste jaren met 4 tot 10 procent af. Na eventuele terugkeer van de menstruatiecyclus kan de botdichtheid zich enigszins herstellen. Aromataseremmers vergroten ook de kans op botverlies, meer dan tamoxifen. Als je antihormonen gebruikt, is het helemaal zaak om veel te bewegen waarbij je de botten flink belast: lopen, rennen, tennissen. Daarnaast krijgen sommige vrouwen speciale medicatie, bisfosfonaten, om de osteoporose te bestrijden. Bisfosfonaten zijn niet-hormonale stoffen die aan het botweefsel hechten en die de cellen die verantwoordelijk zijn voor de afbraak van botweefsel afremmen.

BEHANDELING OP MAAT

Als het goed is, beslist je behandelend arts niet alleen op grond van harde cijfers en statistische gegevens hoe de behandeling van je klacht eruit moet zien, maar kijkt hij naar het hele plaatje: wat is jouw specifieke ziektebeeld, wat komt er in de familie voor, wat zijn je klachten, wat zijn je wensen?

Stel, je bent vervroegd in de overgang doordat je je eierstokken hebt laten verwijderen vanwege een BRCA-genmutatie. Door die vroege overgang loop je een groter risico op botontkalking en hart- en vaatziekten. Eigenlijk zou je geen HRT mogen hebben vanwege een verhoogde kans op borstkanker. Maar in je familie komt ernstige osteoporose voor en de kans is groot dat je op je 60ste gevaarlijk broze botten zult hebben ontwikkeld. Op grond van dat alles zal je arts de risico's afwegen en samen met jou een behandelplan opstellen. Het is dan niet ondenkbaar dat hij je toch HRT zal aanraden.

Kortom, oncologen en andere behandelaars raken er steeds meer van doordrongen dat het belangrijk is om kankerpatiënten niet alleen tijdens hun ziekte zo goed mogelijk te behandelen, maar hun ook de nazorg te geven die ze nodig hebben. Zeker als ze vervroegd in de overgang zijn gekomen, met alle risico's van dien.

Marte (39)
Na de chemo moest ik aan de antihormonen. Eerst aan de tamoxifen, en toen ik weer ging menstrueren werd ook mijn cyclus stilgelegd. Daarvoor krijg ik elke maand een injectie met Zoladex. Toen begonnen de overgangsklachten pas goed. Geheugen- en concentratiestoornissen had ik al door de chemo – ik had wat je noemt een echt chemobrein –, maar het werd er niet beter op. Ik vergat belangrijke afspraken, kon nog geen tien minuten geconcentreerd aan één stuk werken, moest overal Post-Its met reminders opplakken. Nu, twee jaar na de chemo, gaat dat gelukkig weer beter: je kunt je brein ook trainen, heb ik gemerkt.

Wat helaas niet over is gegaan is het slechte slapen. Vroeger sliep ik negen uur aan één stuk door, nu word ik elke nacht wel tien keer wakker. Vanaf een uur of halfzes kan ik helemaal niet meer slapen. Op internet lees je ook dramaverhalen over stemmingswisselingen en somberheid, maar daarvan heb ik godzijdank geen last.

Het meest ellendig vind ik de seksuele gevolgen. Tijdens de chemo staat je kop niet naar vrijen. Bovendien wordt het je afgeraden omdat die chemische stoffen ook bij je man terecht kunnen komen. De eerste keer dat ik het weer aandurfde, een maand of drie na de laatste chemokuur, werd één groot drama. Het vaginaweefsel, vooral bij de ingang, bleek zo droog en stug geworden dat penetratie ontzettend pijnlijk was en ik zelfs inscheurde. Het duurde twee maanden voordat ik daarvan was genezen.

Het vervelende is dat niemand in het ziekenhuis me hierop had voorbereid. Denk je dat je alles hebt gehad, krijg je dit op de koop toe. Kanker is toch al niet zo geweldig voor je gevoel van eigenwaarde: je voelt je lelijk, omdat je kaal bent en geen wimpers meer hebt en opgezwollen bent. Begrijp me goed: ik was blij en dankbaar dat ik nog leefde, dat het weer goed met me ging, maar je wilt zo graag dat het leven weer normaal wordt. Dat je je ziekte achter je kunt laten. Terwijl ik elke keer als we vrijen aan die tijd word herinnerd.

Ik gebruik weliswaar vochtinbrengende ovules en glijmiddel, maar het vaginaweefsel blijft broos en kwetsbaar – de rek is eruit. Natuurlijk zijn er andere manieren om intiem te zijn, maar toch voel ik me incompleet als we geen gemeenschap meer kunnen hebben. Ik vind ook dat ik mijn man tekortdoe. Zonder pijn is het nooit, hoewel mijn bekkenbodemtherapeut goede hoop heeft dat ik helemaal van de pijn af zal komen, Gelukkig heb ik een begripvolle man, die vooral blij is dat ik nog leef. Neemt niet weg dat het irritant en frustrerend is. Ik ben 39, ik wil een gewoon, ongecompliceerd seksleven.

Ik snap best dat bijna de helft van de vrouwen vanwege dit soort klachten de antihormoontherapie niet afmaakt. En dan hebben we het nog niet eens over de grotere kans op botontkalking, op hart- en vaatziekten en dementie door die vervroegde overgang. Ik kaart dat wel eens aan bij mijn oncoloog, maar ze vindt dat de voordelen van de antihormonen voorlopig opwegen tegen de nadelen.

HOOFDSTUK 10

Mannen en hun overgang

Bestaat er ook een overgang voor mannen? Nee, zeggen de experts. Voor een meerderheid van de mannen geldt dit niet. Maar er is een kleine groep bij wie de testosteronspiegel zo hard daalt dat ze wél in de zogenoemde andropauze komen.

Om bij die meerderheid te beginnen: anders dan vrouwen kennen mannen geen afgebakende periode in hun leven van pakweg vijf tot tien jaar waarin er sprake is van drastische hormoonveranderingen. Voor hen geen levensfase waarin ze en masse last krijgen van opvliegers, stemmingswisselingen, een droge penis of huilbuien, en waarin die hormoondaling uiteindelijk leidt tot onvruchtbaarheid.

Maar mannen mogen dan tot op hoge leeftijd kinderen kunnen verwekken, ook bij hen vindt er wel degelijk een afname van het geslachtshormoon plaats. Alleen daalt die in de meeste gevallen veel langzamer dan bij vrouwen. Die afname begint zo rond het 30ste levensjaar: vanaf dat moment neemt de hoeveelheid testosteron met ongeveer 1 procent per jaar af. De testosteronspiegel van een man van 75 is gemiddeld 65 procent van de waarde die hij als jongvolwassene had. (Vergelijk: bij vrouwen neemt de hoeveelheid oestrogeen met 80 procent af in ruim tien jaar!).

WAT DOET TESTOSTERON?

Vanaf de zevende week na de conceptie zorgt het geslachtshormoon testosteron ervoor dat de in oorsprong geslachtsloze foetus een jongetje wordt en geen meisje. Met andere woorden, dat er een piemeltje en zaadballetjes worden aangelegd. Rond de puberteit stijgt het testosteronniveau in sterke mate. Het is dan verantwoordelijk voor de groei van de penis, de zaadballen (testikels) en de prostaat, voor de op gang komende zaadproductie, en voor de ontwikkeling van een lage stem, mannelijke lichaamsvormen en beharing. Kortom, zonder dit hormoon is voortplanting niet mogelijk. Het hormoon wordt voor 90 procent aangemaakt in de testikels en voor 10 procent in de bijnieren.

Ook vrouwen maken onder invloed van de hypofyse testosteron aan, en wel in hun eileiders en bijnieren, maar in veel kleinere hoeveelheden dan een man (ongeveer 10 tot 15 procent van de mannelijke hoeveelheid).

Testosteron is belangrijk voor een goed functionerend lichaam. Het beschermt bloed, huid, botten en het immuunsysteem. Daarnaast heeft het, zowel bij mannen als bij vrouwen, een positieve werking op de hersenen: het bevordert het geheugen, het concentratievermogen en het ruimtelijk inzicht. Het hormoon is daarnaast voor een groot deel verantwoordelijk voor het libido: het fungeert als het ware als startmotor voor je seksuele lust. Grappig detail: onlangs bleek uit onderzoek dat bij mannen die vader zijn geworden en een deel van de zorg voor hun kind op zich nemen, de testosteronspiegels dalen. Mooi geregeld van de natuur: zij hebben zich voortgeplant en nu het kind er is, komt het voorlopig vooral aan op hun zorgzame kant.

Het mannelijk hormoon zorgt ook voor puistjes in de puberteit doordat het de talgproductie aanzet, en voor de kale kop - testosteron heeft een slechte invloed op de haarzakjes - van veel oudere mannen en voor de dunner wordende haardos van vrouwen. Daarnaast staat testosteron garant voor spiermassa, energie, competitiedrang en levenslust.

Zo rond zijn 30ste is een man op de toppunt van zijn kracht. Ook zijn brein functioneert in intellectueel opzicht optimaal rond het 30ste levensjaar - de gemiddelde leeftijd waarop hoogleraren wiskunde worden benoemd.

Dat mannen (en trouwens ook vrouwen) het best presteren rond hun 30ste en dat daarna de prestaties alleen maar afnemen, ligt trouwens niet alleen aan de hormonen. Ook andere fysiologische processen zijn daarbij van invloed. Ons lichaam is maar tot op zekere hoogte in staat om de schade te repareren die in de loop van het leven ontstaat aan cellen, weefsel en organen. Sommige schade is blijvend en stapelt zich in de loop der jaren op. Met als gevolg dat ons lichaam en onze geest aan kwaliteit inboeten: we worden kwetsbaar en breekbaar. Op een dag is er zoveel schade ontstaan dat we doodgaan.

DALEND TESTOSTERON

Omdat de testosteronspiegel zo geleidelijk en zo langzaam daalt, valt het mannen (en hun vrouwen) lang niet altijd op dat ze gaandeweg inboeten aan spierkracht en energie, dat hun seksuele lust afneemt, dat ze niet meer naar elke vrouw op straat hoeven om te kijken en niet meer met elke man hoeven te concurreren, dat de erecties niet meer zo fier zijn en dat het langer duurt voordat ze tot een zaadlozing komen. Tot het moment komt dat het tussen de lakens écht begint te haperen.

Bij mannen met prostaatkanker die worden behandeld met bestraling of met medicijnen die de mannelijke hormonen onderdrukken, is goed te zien wat er gebeurt wanneer er een tekort ontstaat. In korte tijd verandert een actieve, prestatiegerichte man in een lusteloos type dat in slaap valt in zijn stoel en niet vooruit te branden is. Een man die wat somber voor zich uit staart, met een krachteloos lijf, zonder noemenswaardige baardgroei of ochtenderecties. De top drie van klachten bij deze mannen luidt: vermoeidheid, erectiestoornissen en opvliegers. Klachten dus die grotendeels lijken op de typische kwalen van vrouwen in de overgang.

De arts en schrijver Ivan Wolffers hoorde toen hij 54 jaar oud was dat hij prostaatkanker had. Hij schreef er een boek over: *Heimwee naar de lust.* In zijn voorwoord schrijft hij:

> Toen ik hoorde dat ik kanker had, wilde ik aanvankelijk alles doen om maar door te kunnen leven. Al snel merkte ik echter dat de behandeling van mijn gezwel me veranderde. Het nam

iets weg bij me waarvan ik nooit vermoed had dat ik het zou missen. De eigenwijze uitslover die zich niet wilde laten kennen, de geile kerel die aan niets anders dan seks kan denken, de vechter die weet dat het onverstandig is om het laatste woord te willen hebben, maar het toch steeds neemt. De uitslover verdween en in plaats daarvan ontstond iemand met een verlangen naar de verdwenen geilheid, en met herinneringen aan hoe het was voordat de hormonenknop werd omgedraaid.

Zonder testosteron zouden mannen nooit zin hebben in seks, zelfs niet als ze zouden worden versierd door de mooiste vrouwen. Met als relativerende aantekening dat 15 procent van de mannen die, zoals dokters dat zo akelig noemen, 'chemisch gecastreerd' zijn door medicijnen of bestraling, nog steeds zin in seks kan maken en seksueel actief is - misschien niet met een heel stevige erectie, maar toch. Een combinatie van levenslust, levensstijl en een liefhebbende, coöperatieve partner zorgt hier blijkbaar voor een zekere seksdrive, ook zonder voldoende testosteron.

Mara (44)
Mijn Nico wilde altijd wel. Op de meest onverwachte momenten kon hij een hand op mijn borst leggen, en dan wist ik hoe laat het was. Dat is leuk, vaak opwindend, maar achter onze seks zat ook een zekere dwang. Als we het niet minstens om de dag deden werd hij onrustig.

Toen kreeg hij prostaatkanker. Hij werd bestraald. Daarna moest hij aan de injecties: eens per drie maanden wordt er een staafje in zijn buikvet geplaatst dat hormoononderdrukkers afscheidt. Drie jaar moet hij die medicijnen gebruiken.

Al snel merkte ik de verandering. Nico is altijd een levensluchtige, optimistische man geweest, soms op het irritante af. Het glas was altijd halfvol. Nu niet meer. Ik kan niet zeggen dat hij depressief is, maar hij klaagt meer. Hij kan minder hebben van de kinderen. Van de oudste en de middelste was hij hockeycoach, maar nu de jongste aan de beurt is brengt hij dat echt niet meer op. Ook heeft hij niet altijd meer zin om halve weekenden ouwehoerend met vrienden in zijn bootje te varen om daarna in de tuin te barbecueen. Zijn werk deed-ie altijd fluitend, nu valt hem dat zwaar. Wat hij vreselijk vindt zijn de opvliegers. Die ik trouwens niet zo mag noemen; hij heeft het gewoon even heel erg warm. En daarna heel erg koud.

Maar de grootste verandering is toch de seks. Je merkt gewoon dat er geen lust meer in zit. Hij ontkent dat overigens; hij zegt dat we minder vrijen omdat ík geen zin meer heb. Dat is wel een beetje waar, want ook mijn zin is minder geworden. Er hangt geen erotische spanning meer in de lucht. Van een man die nooit geil is, wordt een vrouw ook niet geil. We doen het nu nog hooguit één keer per maand, meer als een moetje, om elkaar gerust te stellen. En het is dan ook anders. Meer vanilleseks. Minder intens. Hij wil niet meer dat ik hem oraal bevredig, en hij doet dat ook niet meer bij mij. Hij krijgt gelukkig nog wel een erectie en hij komt nog wel klaar, maar hij zegt dat zijn orgasmes minder heftig zijn. Er komt ook bijna niks meer uit.

Mij zou dat allemaal niet zoveel kunnen schelen, als we er maar over zouden kunnen praten. Hij wil het er echter niet over hebben. Ik vermoed dat hij er niet eens over durft na te denken. Hij schreeuwde wel laatst, zomaar ineens, tijdens een ruzie: 'En nu zijn godverdomme mijn kloten ook nog aan het verschrompelen!' Ik denk dat de frustratie heel diep zit.

ANDROPAUZE OF MANNELIJKE OVERGANG

Zoals gezegd, is de testosteronpiek bij mannen rond het 30ste jaar het hoogst en daalt daarna het niveau met ongeveer 1 procent per jaar. Overigens gaat het bij testosteron niet zozeer om de totale hoeveelheid, als wel om de *vrije* hoeveelheid. Alleen vrij testosteron is actief en kan cellen binnendringen om zijn werk te doen. Die vrije hoeveelheid neemt vanaf het 30ste levensjaar met 1,5 procent per jaar af. Dat betekent dat als een man 50 is, de hoeveelheid vrij testosteron met 30 procent is afgenomen. Bij ongeveer een kwart van de mannen daalt de hoeveelheid vrij testosteron extreem, soms tot een dramatisch laag niveau. In dat geval kun je spreken van andropauze, mannelijke overgang, penopauze, of hoe je het ook wilt noemen. Artsen noemen dit verschijnsel 'laat hypogonadisme' of, in het Engels: *late onset hypogonadism* (LOH). Dat betekent letterlijk: het onvoldoende functioneren van de geslachtsklieren op latere leeftijd. Bij ongeveer een kwart van alle onderzochte mannen wordt LOH vastgesteld.

Leo (60)
Mijn libido is nooit heel hoog geweest. Ook niet toen ik jonger was. Anders dan andere mannen schijnen te doen dacht ik niet de godganse dag aan vrouwen en seks. Ik vond vrijen best lekker, daar niet van, maar ik was er gewoon nooit zo mee bezig. Ook niet met flirten en vrouwen het hof maken.

Tegenwoordig speelt het helemaal geen rol meer. Alle lust lijkt verdwenen. Mijn vrouw heeft er ook niet meer zo'n zin in, dus het is gelukkig geen issue tussen ons. We hebben een goed leven samen, maar we doen het gewoon niet meer. Ik probeer wel eens te masturberen, maar zelfs dat lukt niet meer goed. Ik zou het jammer moeten vinden, van die verdwenen erotische gevoelens, dat weet ik best, maar het rare is dat ik het allemaal niet zo mis. Ik voel gewoon geen behoefte. En ik vind het ergens wel prettig dat er op dat gebied geen verwachtingen meer zijn.

Wat ik eigenlijk vervelender vind, is dat ik tegenwoordig 's nachts wakker word door enorme zweetaanvallen. Mijn nek nat, mijn borst nat, de lakens nat. Ook overdag kan ik na de minste inspanning een kleddernat hoofd krijgen. Het zweet gutst dan met straaltjes van mijn voorhoofd en nek. Het lijken wel opvliegers, zei mijn vrouw laatst. Ze vindt dat ik naar de dokter moet om te laten onderzoeken wat er aan de hand is.

TESTOSTERONTEKORT

Een arts denkt aan een testosterontekort wanneer een man binnenkomt met een of meer van de volgende symptomen: vermoeidheid, prikkelbaarheid, stemmingsveranderingen, slaapstoornissen, geheugenstoornissen, gebrek aan energie en levenslust, spierzwakte, geen zin in seks en erectiestoornissen. Afgezien van de laatste lijken deze klachten verdacht veel op die van vrouwen in de overgang.

Overigens denken lang niet alle huisartsen meteen aan een testosterontekort; bij klachten als vermoeidheid en somberheid wordt nog te vaak gedacht aan een depressie, en wordt de man in kwestie naar huis gestuurd met een receptje voor een antidepressivum - dat juist averechts werkt bij erectiestoornissen en libidoverlies.

Als het goed is, stelt de arts een bloedtest voor en zal hij daarnaast een lichamelijk onderzoek uitvoeren. De alarmbellen gaan extra rinkelen wanneer de zaadballen maar weinig volume hebben, er sprake is van overgewicht, van weinig lichaamsbeharing en baardgroei, en van een geringe spiermassa.

RISICOFACTOR: OVERGEWICHT

Vooral mannen met een flinke buik lopen meer risico op een testosterontekort. Dat heeft te maken met de aard van het buikvet, ook wel visceraal vet genoemd. Anders dan bijvoorbeeld het vet rond de heupen is visceraal vet hormonaal actief: met behulp van het aromatase-enzym dat zich in dat vet bevindt wordt testosteron omgezet in het vrouwelijke hormoon oestrogeen. Onder invloed van dat oestrogeen gaat de productie van testosteron nog meer omlaag, waardoor het probleem alleen maar verergert.

Dikbuikige mannen - 62 procent van alle oudere mannen heeft overgewicht - lopen nog meer gevaren. Buikvet veroorzaakt namelijk ook hoge bloeddruk, een hoog cholesterolgehalte en diabetes. Die ziekten tezamen worden ook wel *deadly quartet* genoemd. In medische termen heet dat metaboolsyndroom. Mannen die hieraan lijden hebben drie keer zo vaak een gebrek aan testosteron als gezonde mannen.

Door een te laag testosterongehalte valt niet alleen het libido weg, ook loopt men een grotere kans op botbreuken door osteoporose. Mannen met een laag testosteronniveau zijn vaker ziek omdat dit hormoon de weerstand ondersteunt. Daarnaast is er een hoger risico op hart- en vaatziekten - testosteron beschermt hart en vaten -, waardoor er een grotere kans is om dood te gaan aan een hart- of herseninfarct.

Door de toename van oestrogeen zie je bij dikke mannen vaak borstvorming. Bovendien hebben ze vaker last van apneus (periodes van ademstilstand tijdens de slaap), wat niet ongevaarlijk is. Door het slaaptekort dat zich nacht na nacht opstapelt, stijgt de kans op voortijdige sterfte.

Het allerbeste advies aan mannen is dan ook: voorkóm dat je te dik wordt. Hou de weegschaal in de gaten, en vooral de buikomvang. Bij een buikopvang van boven de 94 centimeter komt een man in de gevarenzone. En bij meer dan 102 centimeter moet hij zich echt zorgen gaan maken. Het devies is dan altijd: afvallen.

Minder eten, minder drinken, en bewegen. Wie een halfuur per dag beweegt, doet al veel goed voor zijn gezondheid.

KLACHTEN

VERMINDERDE SEKSDRIVE

Wat voor vrouwen in de overgang geldt, geldt ook voor ouder wordende mannen: doorgaans verandert hun seksdrive in de loop der jaren. Dat kan liggen aan verschillende factoren: aan een lager wordend testosteronpeil, aan een slechtlopende relatie of simpelweg aan het feit dat het huwelijk al twintig, dertig of veertig jaar duurt: hoe langer mensen samen zijn, hoe minder er wordt gevreeen. Er wordt vaak gezegd dat vrouwen na de overgang de handdoek in de ring gooien, terwijl mannen er nog steeds wel pap van lusten. Urologen en seksuologen bestrijden dat, want ook mannen hebben er lang niet altijd meer zin in.

Natuurlijk zijn er genoeg stellen die, ook als ze ouder worden en al lang bij elkaar zijn, het nog steeds erg genoeglijk hebben in bed. Dat houdt echt niet op bij de meno- en penopauze. Er zijn genoeg 50-, 60- en 70-plussers die een zeer prettig en intiem seksleven hebben. Wel kan de aard van de seks veranderen. Als je ouder wordt, moet je simpelweg meer moeite doen om bevredigende seks te hebben: een orgasme komt moeilijker tot stand en is vaak ook nog eens minder intens. Dat het allemaal misschien niet meer zo vanzelfsprekend gaat, zul je moeten accepteren.

Martin (63)
Vijf jaar geleden ben ik gescheiden. Ik was dertig jaar getrouwd geweest met een en dezelfde vrouw. De laatste tien jaar van ons huwelijk hadden we geen seks meer. Eerlijk gezegd vond ik haar niet meer erg aantrekkelijk. Bovendien was ze altijd boos omdat ik zo hard werkte. Dat werkt de lust niet in de hand.

Ook na de scheiding had ik niet veel behoefte aan seks. Wel aan een leuke vrouw, een levenspartner. Die heb ik een jaar geleden gevonden, via een datingsite. We hebben het gezellig samen, trekken er in de weekenden veel op uit. Alles lijkt perfect, mijn kinderen zijn blij voor me, sommige vrienden zijn zelfs jaloers op zo'n nieuwe frisse liefde.

Wat zij niet weten, is dat de seks met haar mij heel onzeker maakt. Ik vind het zelfs stressvol om met haar naar bed te gaan. Het zou vooral leuk moeten zijn, maar het voelt als een opgave die ik tot een goed einde moet brengen. Mijn erecties zijn niet meer wat ze geweest zijn en het kost me vaak moeite om bij haar naar binnen te komen en om vervolgens een stijve te houden. Terwijl zij duidelijk maakt dat zij graag stevige seks wil. Ze is lief en begripvol, maar ik merk dat ze ongeduldig wordt. Ze heeft gevraagd of ik bij de dokter Viagra wil halen, maar ook daar zie ik tegen op.

ERECTIESTOORNISSEN

Naarmate mannen ouder worden, neemt de kans erop toe: 30 procent van de 45-jarigen, 40 procent van de 60-jarigen en 50 procent van de 70-plussers heeft een erectiestoornis. Dat wil zeggen: ze krijgen geen of maar een halfstijve penis, kunnen daardoor niet of moeizaam penetreren, of hun erectie houdt niet lang genoeg stand om bevredigende seks te hebben. Het ouder worden op zich is niet zozeer het probleem, als wel het feit dat oudere mannen vaker een ziekte hebben, zoals aderverkalking of diabetes. Ook een prostaatvergroting kan een erectiestoornis veroorzaken: mannen met plasklachten hebben in de helft van de gevallen ook erectiestoornissen. In 25 procent van de gevallen is er een psychologische oorzaak.

Erectieproblemen zijn erg vervelend voor mannen (en voor hun vrouw trouwens ook. Niet zelden denkt zij dat het probleem bij háár ligt, dat hij haar niet meer aantrekkelijk vindt). Mannen worden er onzeker van; ze schamen zich, ze tobben in hun eentje vaak heel wat af. Erover praten met hun partner vinden ze al verschrikkelijk moeilijk, laat staan met hun huisarts. Toch is het heel belangrijk om met dit probleem naar de dokter te gaan. Die zal in een uitgebreid gesprek proberen uit te zoeken wat er aan de hand kan zijn. Is het probleem lichamelijk, psychisch, relationeel of een combinatie van verschillende factoren? Met een bloedtest wordt gescreend op een aantal risico's: bloeddruk, cholesterol, diabetes, testosteron. In eerste instantie worden vaak erectiepillen meegegeven. Blijken die het probleem niet te verhelpen, dan moet er verder worden gezocht. Met een doppleronderzoek (een soort echo die de stroom van het bloed door de aderen in kaart brengt) wordt er gekeken naar de kwaliteit van de vaten. Niet zelden ziet de uroloog verkalkte vaten naar de penis lopen. De erectiestoornis onthult dan het onderliggende probleem: een hart- en vaatziekte die eerst moet worden aangepakt door een cardioloog. Verkalkte vaten ontstaan weer vaak door onder andere een testosterontekort.

BEHANDELING

AFVALLEN EN MEER BEWEGEN

Een man met een te laag testosterongehalte kan daar op verschillende manieren wat aan doen. Is hij te dik, dan zou hij moeten afvallen en meer moeten gaan bewegen. Maar niets is moeilijker, zo blijkt in de praktijk, om mannen (nog meer dan vrouwen) ertoe te bewegen iets aan hun levensstijl te doen. Bijkomend probleem: naarmate het testosteron afneemt, wordt de man trager en futlozer en is hij minder snel in beweging te krijgen. Waardoor hij nog dikker wordt, nog meer buikvet krijgt, en nog minder testosteron... Zo ontstaat een vicieuze cirkel, die moeilijk te doorbreken is. Bovendien hebben mannen met een testosterontekort nauwelijks spierkracht; ze kunnen nog zo hun best doen in de sportschool, meer spieren zullen ze niet kweken, omdat daarvoor die mannelijke hormonen noodzakelijk zijn.

HORMOONSUPPLETIE (GEL OF INJECTIE)

De uroloog kan zo'n man over die hobbel heen helpen door hem extra hormonen te geven (hormoonsuppletie) in de vorm van gel of een injectie. Zo'n gel wordt één keer per vierentwintig uur op een stukje onbehaarde huid gesmeerd. De hormonale stoffen dringen de huid binnen en worden opgenomen in de bloedbaan. Omdat de hoeveelheid nogal nauwkeurig per persoon moet worden bepaald - een te lage dosis werkt niet, een te grote dosis doet meer kwaad dan goed -, blijft de patiënt onder controle van de uroloog. Die zal na drie maanden opnieuw het testosteronniveau meten. In het gunstige geval dat de gel goed aanslaat bij de patiënt, hij onderwijl zijn buik kwijtraakt omdat hij op dieet is en meer beweegt, hij spieren kweekt en energieker wordt, kan gekeken worden of hij ook weer zonder hormoonsuppletie kan.

Artsen waarschuwen wel dat je er geen wonderen van mag verwachten voor je seksdrive. Uroloog Cobi Reisman zegt het zo: 'Alleen gel smeren is niet voldoende. Als je daarnaast beweegt, als je lekker in je vel zit, als je seks hebt, stijgt je hormoonspiegel. Kortom, het gaat om de wisselwerking. Testosteron alleen is niet zaligmakend. Bij de mens wordt zin in seks voor 30 procent bepaald door hormonen en 70 procent door de randvoorwaarden, zo heeft hersenonderzoek uitgewezen. Ja, óók mannen worden niet alleen gedefinieerd door hormonen. Belangrijker is of je je partner aantrekkelijk vindt, of er sprake is van intimiteit, of je nieuwsgierig bent, openstaat voor variatie in bed. Een instantoplossing bestaat niet.'

Krijgt het lichaam toch niet op eigen kracht het testosteronniveau op orde (dat is trouwens vaker wel dan niet het geval), dan is er niets op tegen om hormonen te blijven gebruiken. Bijkomend voordeel van zo'n gel: een echte depressie kun je er weliswaar niet mee genezen, maar wanneer een man naast seksuele klachten ook last heeft van somberheid, kan een beetje extra testosteron wonderen verrichten voor zijn stemming.

Hoewel men in Nederland nogal huiverig is om hormonen te gebruiken, is uit diverse onderzoeken inmiddels ruim afdoende gebleken dat hormoonsuppletie bij te lage spiegels de kans op prostaatkanker niet vergroot. Wel geldt dat een man met prostaatkanker geen extra hormonen mag gebruiken. Dat zou olie op het vuur kunnen zijn. In alle andere gevallen heeft testosterontoevoeging nog een bijkomend voordeel: het heeft een beschermend effect op hart en vaten en verhoogt de weerstand, zo bleek onlangs nog uit twee Nederlandse onderzoeken onder vierhonderd oudere mannen.

Koop overigens nooit zomaar testosterongel op internet. Te veel testosteron maakt het bloed dik, doet de testikels verschrompelen en leidt tot onvruchtbaarheid. Iedereen die dit hormoon gebruikt moet daarom regelmatig gecontroleerd worden door een arts.

HOOFDSTUK 11

Menopauzepolikliniek en verpleegkundig overgangsconsulente

De meeste vrouwen met overgangsklachten zullen in eerste instantie naar de huisarts stappen. Heb je het gevoel dat die je klachten niet serieus neemt of onvoldoende op de hoogte is van de laatste inzichten en behandelingsmogelijkheden, of heb je meer tijd nodig om je situatie te bespreken, vraag dan om een verwijzing naar een menopauzepolikliniek in een ziekenhuis of een zelfstandig gynaecologisch behandelcentrum, of naar een verpleegkundig overgangsconsulente bij jou in de buurt.

MENOPAUZEPOLIKLINIEK

In zo'n gespecialiseerde polikliniek wordt gewerkt in een multidisciplinair team, waarvan een gynaecoloog, een verpleegkundig overgangsconsulente (ook wel menopauzeverpleegkundige genoemd), een psycholoog, een seksuoloog en een voedingsdeskundige deel uit kunnen maken. Daarnaast wordt er nauw samengewerkt met andere deskundigen, zoals een cardioloog of een osteoporosespecialist.

Voor een eerste afspraak op de menopauzepoli wordt ruim de tijd genomen, gemiddeld veertig tot vijftig minuten per patiënt. De verpleegkundig overgangsconsulente neemt meestal het intakegesprek af. Daarin geeft ze uitgebreide informatie over wat de overgang precies behelst en besteedt ze aandacht aan je klachten en jouw persoonlijke risico op borstkanker, hart- en vaatziekten en osteoporose.

Elke vrouw reageert anders op de overgang. Daarom wordt er geen standaardbehandeling, maar advies op maat gegeven, afgestemd op je persoonlijke omstandigheden, klachten en voorkeuren. Voor een menopauzeteam is het uitgangspunt dat je klachten zodanig worden behandeld dat je goed kunt blijven functioneren, niet alleen privé, maar ook op je werk. Zoals we al in de inleiding zeiden, is 34 procent van het ziekteverzuim bij vrouwen tussen de 45 en 60 jaar toe te schrijven aan overgangsklachten.

Het gros van de patiënten heeft voldoende aan een consult waarin goede voorlichting wordt gegeven, plus voedings- en leefstijladviezen, eventueel aangevuld met voedingssupplementen. Tijdens het consult is er een gynaecoloog beschikbaar die het voorgestelde behandelplan beoordeelt en je eventueel hormoontherapie voorschrijft. In dat geval kom je na twee tot drie maanden terug om te kijken hoe de medicatie is aangeslagen en om die zo nodig bij te stellen.

Soms is er ook aanvullend onderzoek nodig. Na overleg met je huisarts word je dan doorverwezen naar een andere specialist. Voor een bezoek aan een menopauzepolikliniek is sowieso een verwijzing nodig van de huisarts. Deze verwijsbrief heb je ook nodig om deze medische zorg vergoed te krijgen.

VERPLEEGKUNDIG OVERGANGSCONSULENTE

Een overgangsconsulente is een verpleegkundige die zich gespecialiseerd heeft in 'de zorg voor de vrouw rond de menopauze'. Zij - het is eigenlijk nooit een hij - kan in een ziekenhuis werken, waar ze deel uitmaakt van het menopauzeteam, maar ook een zelfstandige praktijk voeren. Het is een beschermd beroep: niet iedereen kan zich overgangsconsulente noemen. Je moet de vereiste diploma's op zak hebben, je regelmatig laten bijscholen en BIG-geregistreerd zijn (Wet Beroepen in de Individuele Gezondheidszorg).

De verpleegkundig overgangsconsulente geeft voorlichting over wat er in deze levensfase in je lijf en brein gebeurt, luistert goed naar je klachten en probeert in te schatten in hoeverre deze gerelateerd zijn aan de overgang. Ze brengt niet alleen lichamelijke symptomen in kaart, maar ook eventuele psychische, sociale en seksuele problemen. Zeker als je kampt met ernstige overgangsklachten, of als je vroeg in de overgang bent gekomen door een erfelijke oorzaak of door een ziekte, is het handig een professional te raadplegen. Indien nodig zal ze je adviseren je door te laten verwijzen - dit moet de huisarts doen - naar een specialist.

Een overgangsconsulente mag zelf geen hormoontherapie voorschrijven - dat kan alleen de huisarts of gynaecoloog - maar ze is wel bekend met alle soorten hormoontherapie. Over de voor- en nadelen en de risico's zal ze je uitgebreid voorlichten. Of je HRT krijgt voorgeschreven, en zo ja welke, dat bepaalt de huisarts of specialist. Daarnaast geeft ze leefstijl- en voedingsadviezen. Overgangsconsulenten weten niet alleen veel van de reguliere, maar ook van de complementaire zorg zoals natuurgeneeskunde, fytotherapie en orthomoleculaire voedingsleer.

Mocht dat nodig zijn, dan kan ze als intermediair in contact treden met huisarts, bedrijfsarts, leidinggevende, fysiotherapeut, psycholoog of psychiater.

Voor een afspraak met een zelfstandige overgangsconsulente heb je geen verwijzing nodig. Meestal worden de consulten vergoed vanuit de aanvullende zorgverzekering.

WAAR VIND JE EEN MENOPAUZEPOLI EN/OF VERPLEEGKUNDIG OVERGANGSCONSULENTE?

WEBSITES

Zie voor een verpleegkundig overgangsconsulente bij jou in de buurt:
www.overgangsconsulente.com

ZIEKENHUIZEN

Ziekenhuizen met een menopauzespreekuur en door de overheid erkende onafhankelijke gynaecologische poliklinieken:

NOORD-HOLLAND

Amsterdam
  www.bovenij.nl
  www.olvg.nl
Amstelveen
  www.ziekenhuisamstelland.nl
Haarlem en omstreken
  www.spaarnegasthuis.nl

UTRECHT

Utrecht
  www.diakonessenhuis.nl
  www.vrouwenklinieken.nl

ZUID-HOLLAND

Schiedam
  www.vlietlandziekenhuis.nl
Den Haag
  www.hagaziekenhuis.nl
Zoetermeer
  www.langeland.nl

FRIESLAND

Drachten
  www.menocare.nl

GRONINGEN

Groningen
  www.martiniziekenhuis.nl
Delfzijl
  www.ozg.nl

DRENTHE
Emmen
www.scheperziekenhuis.nl

FLEVOLAND
Almere
www.flevoziekenhuis.nl
Lelystad
www.vrouwenklinieken.nl

GELDERLAND
Zutphen
www.gelreziekenhuizen.nl

OVERIJSSEL
Zwolle
www.fempoli.nl
www.isala.nl

BRABANT
Boxmeer
www.vrouwenpoliboxmeer.nl
Tilburg
www.elisabethziekenhuis.nl

LIMBURG
Weert
www.sjgw.nl

VERANTWOORDING EN DANKWOORD

Vroeg of laat klopt de overgang aan, bij elke vrouw, of je wilt of niet. Op dat moment kun je maar beter goed geïnformeerd en voorbereid zijn. Hoewel er de laatste jaren verschillende boeken over de overgang zijn verschenen, vonden wij toch dat het ene ontbrak - het boek dat een antwoord op al je vragen geeft, dat alle medische informatie helder op een rijtje zet en dat je herkenning en erkenning biedt, zonder dat het zweverig wordt en zonder spirituele aanmoedigingen om je opvliegers liefdevol te omarmen.

Aangespoord door Mizzi van der Pluijm, directeur-uitgever van Atlas Contact, besloten wij dat ultieme boek te schrijven. Een nononsense handboek moest het worden, dat alle facetten van de overgang toegankelijk beschrijft, met wetenschappelijke feiten, persoonlijke verhalen en een duidelijke boodschap: er is leven na de overgang.

Voor ons boek hebben we verschillende artsen, wetenschappers en deskundigen uitgebreid geïnterviewd en/of schriftelijk geconsulteerd. We willen hen bij dezen hartelijk danken voor hun kostbare tijd en de kennis die ze met ons wilden delen:

André Aleman (hoogleraar neuropsychologie)
Jean Philippe de Bliek (dermatoloog)
Manuel Brok (arts en osteoporosespecialist)
Myriam Chalabi (oncoloog)
Henk Franke (gynaecoloog en osteoporosespecialist)
Barbara Havenith (gynaecoloog en orthomoleculair arts)
Delilah Hesseling (brand manager AOV)
Willeke Kamphof (dermatoloog)
Marleen Kok (oncoloog)
Jeanette Kwee (gynaecoloog)
Rik van Lunsen (arts-seksuoloog)
Ingrid Pinas (gynaecoloog)

Cobi Reisman (uroloog-seksuoloog)
Simone Riool (verpleegkundige en osteoporosedeskundige)
Jetske Ultee (onderzoeksarts in de cosmetische dermatologie)
Bianca Van Moorst (psycholoog-seksuoloog)
Henri Weinstein (hoogleraar neurologie en alzheimerspecialist)
Marcel C. Weijmer (internist en osteoporosespecialist)
Janneke Wittekoek (cardioloog).

Gynaecoloog Dorenda van Dijken verdient een extra grote pluim: als gynaecoloog gespecialiseerd in de overgang heeft ze ons voorzien van alle denkbare up-to-date informatie. Daarnaast heeft ze ons behoed voor diverse medische missers en de puntjes op de i gezet.

Joanne Clarke van Studio Room danken we voor het geweldige omslagontwerp. Tot slot willen we hulde brengen aan alle vrouwen (en mannen) die, al dan niet geanonimiseerd, als overgangservaringsdeskundigen hun - soms heel intieme - ervaringen met ons wilden delen. Dank dus Carien, Carina, Charlotte, Cora, Dieuwke, Edina, Els (haar quotes komen uit *50, So What*-LINDA.boeken), Elske, Eveline, Francine, Fransje, Hanna, Jacqueline, Jolien, Judith, Karin, Kirsten, Klaske, Leo, Lieve, Loes, Maaike, Mara, Marja, Marte (sommige van haar quotes komen uit haar artikel 'Ik zal nooit kinderen krijgen', in *Viva*, 10 september 2014), Martin, Mieke, Olga, Saskia, Tess, Tineke, Tineke en Wilma.

BOEKEN, RICHTLIJNEN EN TIJDSCHRIFTARTIKELEN

Aleman, André, *Het seniorenbrein*, Amsterdam/Antwerpen, 2012
Archer, David F., Postmenopausal skin and estrogen, in: *Gynaecological Endocrinology*, 28(S2), 2-6, 2012
Barentsen, R., P.H.M. van de Weijer, *Menopauze Studie Gids*, B&W, 2004
Brizendine, Louann, *De vrouwelijke hersenen*, Amsterdam, 2007
Calleja-Agius, J., M. Brincat, 'The effect of menopause on the skin and other connective issues', in: *Gynaecological Endocrinology*, (28)4, 273-277, 2012
Cheng, Peng-Fei, Jian-Jun Chen e.a., 'Do soy isoflavones improve cognitive function in postmenopausal women? A meta-analysis', in: *Menopause, The Journal of the North American Menopause Society*, Vol. 22, no. 2, 2014
Demers, Sylvie, *De kracht van vrouwelijke hormonen*, Amsterdam, 2012
Ede, Karen van, *Skin*, Utrecht/Antwerpen, 2014
Groot, Greetje de, Monique R.M. Jongbloed e.a., *Hartenvrouwen*, Beuningen, 2014
Falck, S.J., P.A. Ganz e.a. 'Overview of sexual dysfunction in female cancer survivors', in: *UpToDate,* Wolters Kluwer, 2015
Fauser, B.C.J.M., A.L.M. Lagro-Janssen, A.M.E. Bos, *Handboek vrouwspecifieke geneeskunde*, Houten, 2013
Galbo, Carolina Lo, 'Maxim Februari: "Ik ben geen George Clooney maar ik kan er mee door"', in: *Vrij Nederland*, 10 oktober 2015
Geukes, M., M.P. van Aalst e.a., 'The impact of menopausal symptoms on work ability', in: *Menopause, the Journal of the North American Menopause Society*, Vol. 19, No. 3, 2011
Havenith, B.P.M.G., I.M. Pinas, 'Verklaring Dutch Menopause

Society, wereldwijd consensus over hormoontherapie tijdens de overgang', in: *Nederlands Tijdschrift voor Obstetrie & Gynaecologie*, vol. 126, april 2013

Jolie Pitt, Angelina, 'Diary of a surgery', in: *The New York Times*, 24 maart 2015

Jolie, Angelina, 'Een preventieve operatie met ernstige gevolgen', in: NRC *Handelsblad*, 27 maart 2015

Kasteren, Yvonne van, Debora Mol e.a., *Te jong in de overgang*, Leiden, 1999

Klatz, Ronald, Robert Goldman, *The Official Anti-aging Revolution*, Laguna Beach, 2007

Luine, Victoria N., 'Estradiol and cognitive function: Past, present and future', in: *Hormones and Behavior* 66, 602-618, 2014

Maas, Angela, Janneke Wittekoek, 'Cardiovasculaire ziekten', in: *Handboek vrouwspecifieke geneeskunde*, 149-158, Houten, 2013

Mammacarcinoom, 'Landelijke richtlijn, versie 2.0, Gevolgen vervroegde menopauze, (neo)adjuvante hormonale therapie', in: *Oncoline*, Integraal Kankercentrum Nederland, 2012

Mudde, Tonie, 'Moderne mens worstelt met alle prikkels', in: *de Volkskrant*, 28 april 2012

Panay, Nick, Hamoda Haitham, Aryea Roopen e.a., 'The 2013 British Menopause Society & Women's Health Concern Recommendations on hormone replacement therapy', in: SAGE *Journals*, 23 mei 2013

Quaegebeur, Els, 'Het pr-probleem van het vrouwenhart', in: *Vrij Nederland*, 17 maart 2015

Rozenbroek, José, 'Het gevreesde O-woord', in: *LINDA.*, maart 2013

Rozenbroek, José, 'Let maar niet op papa, hij is in de overgang', in: *de Volkskrant*, 29 juli 2015

Santen, Marte van, 'Ik zal nooit kinderen krijgen', in: *Viva*, 10 september 2014

Schuitemaker, Gert, *Nieuw licht op vitamine D en chronische ziekten*, Gendringen, 2008

Swaab, Dick, *Wij zijn ons brein; van baarmoeder tot alzheimer*, Amsterdam/Antwerpen, 2013

50 So What, met bijdragen van Saskia Noort, Aaf Brandt

Corstius, Sylvia Witteman, Hedy d'Ancona, *LINDA*.boeken, Amsterdam, 2014
Vierhout, M.E., F.B. Lammes, *Praktische gynaecologie*, Houten, 2005
Villiers, T.J. De, M.L.S. Gass e.a., 'Global Consensus Statement on Menopausal Hormone Therapy', in: *Climacteric*, 2013, 16: 203-204
Vinke H., S. Kollaard, *Zorgboek Osteoporose*, Amersfoort, 2011
Visser, Ellen de, 'Stress, de grote sloper', in: *de Volkskrant*, 24 augustus 2013
Westendorp, Rudi, *Ouder worden zonder het te zijn; over vitaliteit en veroudering*, Amsterdam/Antwerpen, 2014
Wittekoek, Janneke, Yolande Appelman, *Het vrouwenhart 'begeerd maar miskend'*, Houten, 2014
Wolffers, Ivan, *Heimwee naar de lust. Over seks en ziekte*, Amsterdam, 2006

WEBSITES EN WEBARTIKELEN

www.alzheimer.nl/nieuws-en-voorlichting/nieuws/286211-waarom-vrouwen-meer-alzheimer-ontwikkelen
www.arbo-online.nl/overgangsklachten-kunnen-ziekteverzuim-vergroten/
www.borstkanker.nl/behandeling_en_kinderwens_zwangerschap_na_de_behandeling_voor_borstkanker
www.careforwomen.nl/aandoeningen/overgang
www.de-amazones.nl/overgang-door-chemotherapie
www.demenopauzespecialist.nl
www.huffingtonpost.com/2013/01/03/menopause-symptoms-memory-loss_n_2397936.html
www.imsociety.org/videos_library.php
www.thelancet.com/journals/lancet/article/PIIS0140-6736(14)61687-1/abstract
www.mayoclinic.org/diseases-conditions/dementia/expert-answers/oophorectomy/faq-20058326
www.medscape.com
www.mindezigns.com/eierstok-verwijdering-kan-op-lange-

termijn-risico-op-dementie-boost/
www.menopause.org
www.nationaalkompas.nl/gezondheid-en-ziekte/ziekten-en-aandoeningen/kanker/borstkanker/verschillen-internationaal/
www.nhg.org/standaarden/volledig/nhg-standaard-de-overgang
www.nvog.nl
www.oprah.com/health/Dr-Oz-Talks-with-Dr-Prudence-Hall-About-Bioidenticals
www.osteoporosestichting.nl
www.paulaschoice.com/expert-advice/womens-skincare/_/menopause-and-your-skin
www.pgn-gynaecologie.nl
www.rug.nl/news/2009/09/opinie09_31
www.theguardian.com/books/2014/apr/11/jeanette-winterson-can-you-stop-the-menopause
www.time.com/3763552/hillary-clinton-age-president/
www.uptodate.com/contents/overview-of-sexual-dysfunction-in-female-cancer-survivors
www.urolog.nl/urolog/php/content.php?doc=schotcursus&profmenu=yes
www.voedingscentrum.nl
www.volkskrant.nl/wetenschap/kankerpatienten-kampen-vaak-met-relatieproblemen~a3724680/
www.vrouwenpoliboxmeer.nl
www.vrouwenindeovergang.nl
www.webmd.com/sleep-disorders/features/women-hormones-sleep-problems
www.webmd.com/menopause/features/your-brain-on-menopause

REGISTER

Wilt u op de hoogte blijven van het laatste nieuws over onze boeken, schrijvers en activiteiten? Meld u dan aan op www.atlascontact.nl voor onze maandelijkse nieuwsbrief.

Bij de productie van dit boek is gebruikgemaakt van papier dat het keurmerk Forest Stewardship Council® (FSC®) draagt. Bij dit papier is het zeker dat de productie niet tot bosvernietiging heeft geleid. Ook is het papier 100 procent chloor- en zwavelvrij gebleekt.

FSC
www.fsc.org
MIX
Papier van verantwoorde herkomst
FSC® C004472